本书得到以下单位资助出版：
☆内蒙古财经大学
☆中蒙俄经贸合作与草原丝绸之路经济带
　构建研究协同创新中心

内蒙古自治区
社会经济发展
蓝皮书

总主编／杜金柱　侯淑霞

内蒙古自治区
商标品牌发展报告
（2016）

主　编＼侯淑霞　霍　武
副主编＼宋继承　王春艳　姚春玲　李海霞

THE TRADEMARK BRAND DEVELOPMENT
ON INNER MONGOLIA（2016）

经济管理出版社
ECONOMY & MANAGEMENT PUBLISHING HOUSE

图书在版编目（CIP）数据

内蒙古自治区商标品牌发展（2016）/侯淑霞，霍武主编 . —北京：经济管理出版社，2017.1

ISBN 978 - 7 - 5096 - 4142 - 2

Ⅰ. ①内…　Ⅱ. ①侯… ②霍…　Ⅲ. ①商标—品牌战略—研究报告—内蒙古—2016　Ⅳ. ①F760. 5

中国版本图书馆 CIP 数据核字（2015）第 302974 号

组稿编辑：王光艳
责任编辑：许　兵
责任印制：司东翔
责任校对：张　青

出版发行：经济管理出版社
　　　　　（北京市海淀区北蜂窝 8 号中雅大厦 A 座 11 层 100038）
网　　址：www. E - mp. com. cn
电　　话：（010）51915602
印　　刷：北京九州迅驰传媒文化有限公司
经　　销：新华书店
开　　本：720mm×1000mm/16
印　　张：12.75
字　　数：233 千字
版　　次：2017 年 1 月第 1 版　　2017 年 1 月第 1 次印刷
书　　号：ISBN 978 - 7 - 5096 - 4142 - 2
定　　价：98.00 元

总　序

　　2015 年，面对错综复杂的国际形势和艰巨繁重的国内改革发展稳定任务，内蒙古自治区各族人民在自治区党委、政府的正确领导下，深入学习贯彻党的十八大，十八届三中、四中、五中全会及习近平总书记系列重要讲话精神，按照"五位一体"总体布局和"四个全面"战略布局的总要求，牢固树立和贯彻落实创新、协调、绿色、开放、共享的发展理念，主动适应经济发展新常态。

　　《内蒙古自治区 2015 年国民经济和社会发展统计公报》显示，2015 年末全区常住人口为 2511.04 万人，比 2014 年增加 6.23 万人。人口自然增长率为 2.4‰。城镇化率达到 60.3%，比 2014 年提高 0.8 个百分点。全区实现地区生产总值 18032.8 亿元，按可比价格计算，比 2014 年增长 7.7%。全年居民消费价格总水平比 2014 年上涨 1.1%。年末全区城镇单位就业人员为 292.6 万人。年末城镇登记失业率为 3.65%。全年实现失业人员再就业人数为 6.1 万人。全年完成一般公共预算收入 1964.4 亿元，一般公共预算支出 4290.1 亿元，分别比 2014 年增长 6.5% 和 10.6%。财政收入在增收困难较大的情况下，顺利完成了全年增长目标。全年农作物总播种面积 756.8 万公顷，比 2014 年增长 2.9%。年末全区农牧业机械总动力为 3805.1 万千瓦，比 2014 年增长 4.8%；综合机械化水平达到 81.4%。全年全部工业增加值为 7939.2 亿元，比 2014 年增长 8.2%。全区规模以上工业企业实现主营业务收入 18522.7 亿元，比 2014 年下降 0.3%；实现利润 940.5 亿元，比 2014 年下降 23.8%。全年规模以上工业企业产品销售率为 96.6%，产成品库存额为 643.2 亿元，比 2014 年增长 0.7%。全年建筑业增加值为 1263.2 亿元，比 2014 年增长 6.7%。全年全社会固定资产投资总额为 13824.8 亿元，比 2014 年增长 14.5%。其中，500 万元以上项目完成固定资产投资 13651.7 亿元，比 2014 年增长 14.5%。新开工项目 12695 个，比 2014 年增长 2.4%；在建项目投资总规模 35672 亿元，比 2014 年下降 0.1%。全年社会消费品零售总额为 6107.7 亿元，比 2014 年增长 8.0%。全年海关进出口总额为 790.4

亿元，比 2014 年下降 11.6%。全年实际使用外商直接投资额 33.7 亿美元，比 2014 年下降 15.4%。全年完成货物运输总量 20.9 亿吨，比 2014 年增长 2.1%。全年完成旅客运输总量 19820 万人，比 2014 年增长 0.2%。年末全区民用汽车保有量为 400.1 万辆，比 2014 年增长 7.6%；全年邮电业务总量（2010 年不变价）为 400.3 亿元，比 2014 年增长 19.1%。全年实现旅游总收入 2257.1 亿元，比 2014 年增长 25.0%。接待入境旅游人数 160.8 万人次，比 2014 年下降 3.8%；旅游外汇收入 9.6 亿美元，比 2014 年下降 4.0%。国内旅游人数为 8351.8 万人次，比 2014 年增长 12.6%；国内旅游收入为 2193.8 亿元，比 2014 年增长 25.7%。年末全区金融机构人民币存款余额为 18077.6 亿元，全年新增存款 1641.3 亿元，比 2014 年增长 11.0%。全年全体居民人均可支配收入为 22310 元，比 2014 年增长 8.5%。数据显示，2015 年内蒙古自治区社会经济总体发展实现了稳中有进、稳中有好、进中有创、创中提质的良好态势，结构调整出现积极变化，改革开放不断深化，民生事业持续进步，经济社会发展迈上新台阶，实现了"十二五"圆满收官，为"十三五"经济社会发展、决胜全面建成小康社会奠定了坚实基础。

为真实反映内蒙古自治区社会经济发展全景，为内蒙古自治区社会经济发展提供更多的智力支持和决策信息服务，2013 年，由内蒙古财经大学组织校内学者编写了《内蒙古自治区社会经济发展研究报告丛书》，丛书自出版以来，受到社会各界的广泛关注，亦成为社会各界深入了解内蒙古自治区的一个重要窗口。2016 年，面对新的社会经济发展形势，内蒙古财经大学的专家学者们再接再厉，推出全新的《内蒙古自治区社会经济发展蓝皮书》，丛书的质量和数量均有较大提升，力图准确诠释 2015 年内蒙古自治区社会经济发展的诸多细节，书目包括《内蒙古自治区区域经济综合竞争力发展报告（2016）》《内蒙古自治区文化产业发展报告（2016）》《内蒙古自治区旅游业发展报告（2016）》《内蒙古自治区社会保障发展报告（2016）》《内蒙古自治区财政发展报告（2016）》《内蒙古自治区能源发展报告（2016）》《内蒙古自治区金融发展报告（2016）》《内蒙古自治区投资发展报告（2016）》《内蒙古自治区对外经济贸易发展报告（2016）》《内蒙古自治区中小企业发展报告（2016）》《内蒙古自治区区域经济发展报告（2016）》《内蒙古自治区工业发展报告（2016）》《蒙古国经济发展现状与展望（2016）》《内蒙古自治区商标品牌发展（2016）》《内蒙古自治区惠农惠牧政策促进农牧民增收发展报告（2016）》《内蒙古自治区物流业发展报告（2016）》。

一个社会的存续与发展，有其特定的社会和经济形态，同时也离不开独有的思想意识、价值观念和技术手段。秉承社会主义核心价值观、使命意识和学术的职业要求是当代中国学者应有的担当，正是基于这样的基本态度，我们编撰了本套丛书，丛书崇尚学术精神，观点坚持学术视角，客观务实，兼容并蓄；内容上专业深入，丰富实用；兼具科学研究性、实际应用性、参考指导性，希望能给读者以启发和帮助。

丛书的研究成果或结论属个人或研究团队观点，不代表单位或官方结论。由于研究者水平有限，特别是当前复杂的世界政治经济形势下的社会演进节奏日新月异，对社会科学研究和发展走向的预测难度可想而知，因此书中结论难免存在不足之处，恳请读者指正。

编委会

2016.8

前　言

　　实施商标品牌战略有利于地方特色产品的市场宣传与推广，增强产品市场竞争力，提高产业综合生产能力、科技创新能力、市场竞争能力和市场主体综合素质，有利于推动各产业资源向优势区域集聚，特色资源向资源优势最适宜区域集中，形成优势产区和优势企业，进一步加快产业科技化、品牌化、市场化进程，通过品牌企业带动地方中小企业、小微企业共同发展，促进地方产业链条逐步延伸，培育特色优势产业，促进当地农牧民增收，推动县域经济快速发展。

　　品牌企业促进区域经济发展的机理是通过两种路径实现的，即单个品牌企业对区域经济发展的作用和区域品牌对区域经济发展的作用。单个品牌企业通过增加资本要素、优化产业结构、转变经济增长方式等方面实现了对区域经济发展的促进作用。从单个品牌企业来看，主要是通过三种方式促进了区域经济发展：其一，品牌企业有利于区域内经济增长要素的增加。通过基于品牌资本的索洛模型的扩展可以清晰地看到品牌对区域经济增长的效用。其二，品牌企业有利于区域内产业结构的优化。品牌企业是产业发展的重要推动力，其作用集中表现在两个方面：一方面品牌是推动区域产业集群发展的强劲动力，另一方面品牌是产业关联效用发挥的重要因素。其三，品牌企业有利于区域内经济增长方式的转变。品牌企业是扩大区域内消费需求的必然选择，品牌企业是实现外贸增长方式转变的重要途径，品牌企业是发展区域特色经济的重要方面。从区域品牌来看，也主要是通过三种方式实现了县域经济发展。区域品牌是通过区域内产业集群结构的优化、区域内产业集群竞争力的提高、区域内城市化及城市群的加快发展等方面对区域经济发展产生促进作用。

　　内蒙古自治区党委、政府提出"8337"发展思路，要着力调整产业结构，把内蒙古自治区建成保障首都、服务华北、面向全国的清洁能源输出基地；全国重要的现代煤化工生产示范基地；有色金属生产加工和现代装备制造等新型产业基地；绿色农畜产品生产加工输出基地；体现草原文化、独具北疆特色的旅游观光、休闲度假基地。应该看到，做好各基地建设，以及与此相关的流通体系与市场建设、品牌宣传与推广，有利于加快产业层次的高级化进程，有利于形成自治区产品优质优价机制，增强各产业产品的市场竞争力，拓宽国际国内产品市场，促进农牧民增收；同时有利于地方主导产业的快速形成与发展，品牌建设也有利于地方特色产品的市场宣传与推广，产业化程度将不断提升，有利于推动各产业资源向优势区域集聚，特色产品向资源优势最适宜区域集中，形成优势产区和优势企业，推进产品标准生产、精深加工、系列开发，进一步延伸产业链条，加快产业科技化、品牌化、市场化进程，增加产品附加值，提高产业生产水平，提升各市场主体品牌意识，增强产品市场竞争力，提高产业综合生产能力、科技创新能力、市场竞争能力和市场主体综合素质，全力推进各产业发展进程。

内蒙古自治区党委和政府出台了一系列政策，推动了商标品牌战略工作向纵深发展，商标品牌战略已经由部门行为上升到政府行为。如《内蒙古自治区绿色农畜产品生产加工输出基地发展规划（2013～2020年）》，将商标品牌建设列入其中；《内蒙古自治区人民政府关于加快推进服务业发展的指导意见》（内政发〔2013〕80号），明确了服务业获得驰名商标、著名商标的奖励意见；《内蒙古自治区人民政府关于印发鼓励和支持非公有制经济加快发展若干规定（试行）的通知》（内政发〔2013〕61号），明确了对非公有制市场主体获得驰名商标、著名商标的奖励政策（明确了被认定为中国驰名商标的，一次性奖励人民币100万元；被认定为内蒙古自治区著名商标的，一次性奖励人民币50万元）；《内蒙古关于进一步加快县域经济发展的意见》，明确了商标品牌建设在县域经济发展中的作用。同时，各盟市出台的商标战略实施的相关意见情况，各地工商部门积极采取措施全面落实文件精神，如呼伦贝尔市政府决定借助呼伦贝尔的牛肉、羊肉、黑木耳、马铃薯获国家地理标志之机，2014～2016年每年拨付5000万元组织实施商标品牌带动战略，发展绿色农畜产品生产加工基地，打造四个驰名商标，推进四个百亿产业集群发展。截至2014年底，呼和浩特、包头、呼伦贝尔、兴安盟、通辽、赤峰、锡林郭勒盟、乌兰察布、鄂尔多斯、巴彦淖尔、乌海、二连浩特等12个盟市政府及40个旗县区政府已分别下发了实施商标品牌战略的意见规划或奖励政策。乌兰察布市政府、鄂尔多斯市工商局相继组织召开了实施商标品牌战略推进会（经验交流会），分别对获得驰名、著名、知名和地理标志证明（集体）商标的企业进行了隆重表彰奖励。

但总体上看，内蒙古自治区大部分企业尚处于品牌创建的初级阶段，经济发展还没有摆脱粗放型发展方式，经济增长更多集中在资源型产业，产业结构、产品结构还不够合理，劳动密集型的初级产品居多，深加工、高新技术、高附加值的产品少。农牧业产品深加工发展滞后，规模化的精细包装产品少，商标品牌结构单一，含金量低，商标品牌在推动经济增长中所起的作用还需提高。因此，在自治区实施的经济发展战略中，还需要重视品牌战略带动，逐步形成一批规模大、质量高、信誉好、拥有核心技术的国内外知名品牌。这是内蒙古自治区走新型工业化之路，保持持续竞争优势的重要战略。

本书梳理了自治区商标品牌发展情况、典型旗县商标品牌发展情况，重点总结自治区商标申请与注册情况、驰名和著名商标培育和认定情况、地理标志商标培育和认定情况、知识产权保护工作情况以及内蒙古自治区自主品牌发育情况，分析内蒙古自治区商标品牌发展的机遇与挑战，通过对自治区商标品牌战略的实施与县域经济发展相关性分析与贡献度测定，研判内蒙古自治区商标品牌对县域经济发展的影响。本书全面分析自治区自主品牌在推进自治区资源转化、调整优化产业结构、加快发展服务业以及创新驱动发展上的成功经验与教训，提炼总结实施商标战略在促进五大基地建设、现代服务业发展、非公有制经济发展、农畜产品品牌建设、县域经济实力提升中的作用，注册商标专用权保护遇到的突出问题等，在此基础上，提出关于内蒙古实施商标战略促进县域经济发展的建议，为自治区政府决策提供科学依据。

目　录

第 一 章

商标品牌战略实施的必要性

　　现今世界的发展，各国普遍把以技术为代表的知识和以商标为代表的品牌作为提升综合国力、巩固竞争优势的最重要手段。提高自主创新能力、建设创新型国家是国家发展战略的核心和提高综合国力的关键，国务院颁布实施《国家知识产权战略纲要》，将知识产权战略上升到国家战略的高度。作为知识产权战略的重要组成部分，商标品牌战略在建设创新型国家中的作用日益凸显。商标是作为创新成果转化为商品走向市场的重要载体，是提升城市创新能力、促进城市品牌经济发展的重要支撑。促进商标品牌战略实施与经济社会发展深度融合是加快建立创新驱动的发展模式、建设中国特色世界城市的必然要求。随着经济的深入发展，商标已由区分商品来源的标志扩展成为企业信用的载体，成为企业形象和竞争力的象征，成为优秀企业走出国门、拓展国际市场的重要竞争手段。以商标注册、运用、保护和管理为主要任务的商标品牌战略，对于推动企业提升自主创新能力、实现产品从价格竞争向品牌竞争转变，具有重要意义。

一、深入推进商标品牌战略实施的必要性

（一）实施商标品牌战略是实现经济强国的客观需要

经济强国不仅要在经济总量上占有一定优势，而且要在经济发展质量上起到引领作用。党的十八大提出要"实施创新驱动战略"，把科技创新摆在国家发展全局的核心位置。指明了我国由经济大国走向经济强国的路径，即把科技创新作为提高社会生产力、提高综合国力，实现转型发展的战略决策。在发展创新型经济、建设创新型国家的过程中，推动科技创新和实施商标战略应该是相辅相成、相互促进的关系，二者都是创新型国家这一整体的有机组成部分。通过加强科技创新，提升产品、服务的科技含量和质量，可以为企业商标价值的提升提供坚实基础。通过加强商标保护，保护企业的创新利益，企业从创新成果转化中获取的利润又支撑、激励企业加大创新投入、提升创新能力并推动实现可持续创新，形成良性的市场循环，最终提升经济发展质量，形成以技术、品牌、质量、服务为核心的出口竞争新优势，真正实现由经济大国向经济强国的飞跃。

（二）实施商标品牌战略是打造我国文化软实力的有效途径

实施商标战略，可以促使国家、企业把其特有的文化植根于本国产品、服务中，增加产品和服务的特有内涵，打造民族的文化软实力，进而提高国家的竞争力。商标文化是中华文化的有机组成部分。商标是文化的一种表达形式和传播工具。中国商标常取自诗词典故、传统格言、风俗习语，蕴含着中国文化，传递着中国文化。商标已经成为区域或国家文化的重要载体。商标象征着产品所特有的品质和个性，不仅集中体现了生产者或经营者的商誉，更集中反映了企业或商品的文化内涵和历史传承。

（三）实施商标品牌战略是生态文明建设的必然要求

当今社会，面对资源约束趋紧、环境污染严重、生态系统退化的严峻形势，我们必须转变经济增长方式，发展低碳经济，走可持续发展之路，必须更多地利用知识资源创造财富，必须更好地利用品牌提高产品附加值。通过商标战略实施，推动战略性新兴产业发展，减少物质资源的消耗。以创新为基础的品牌产品既能够满足现实的市场需求，又对经济社会全局和长远发展具有重大引领带动作用。充分发挥商标在集聚要素、整合资源、增加产品附加值和提升企业自主创新能力等方面的重要作用，不断丰富凝聚在商标之上的品牌内涵，以品牌为号召力

通过许可使用、股权投资、质押融资等手段，从而达到市场资源配置的目的。

（四）实施商标品牌战略是促进加快转变经济发展方式的有力支撑和重要驱动

实施商标品牌战略有利于构建扩大内需长效机制，增强内需对经济增长的驱动力。商标已成为消费观念、消费层次的一种象征。实施商标战略，引导我国企业致力于增强商标运用管理能力，提高品牌的美誉度，提升消费者对自主品牌的认同感，同时，严厉打击假冒伪劣行为，营造消费者放心的市场环境，对提振消费者的消费信心、释放消费潜力、促进消费结构优化升级和增强内需主导作用具有重要的促进作用。

（五）实施商标品牌战略是加快发展第三产业、培育新的经济增长点的强大动力

以文化产业发展为例，通过积极引导广大文化产业企业通过实施商标战略发展壮大，打造一批拥有自主知识产权、市场占有率高、国际竞争力强的优势文化企业和知名品牌，对推动文化产业实现跨越式发展具有重要作用。例如，湖北省武汉市在实施商标战略中，积极推动商标战略与文化产业经济的深度融合，取得了很好的效果。武汉市将国家级非遗项目"武汉汉绣"向国家工商总局申报了地理标志商标，并对"知音故里""子期故里"等知音文化相关商标进行了45大类170件保护性注册。该市培育的著名商标企业知音传媒集团年创利税1.47亿元，步入全球期刊前50强。此外，武汉市首件市著名商标"楚才"已经成为联络海内外青少年、弘扬中华优秀文化的重要标志。商标战略的实施，真正将当地丰厚的历史文化资源转化为促进文化产业发展的强大动力，有力地促进了第三产业的发展。有利于发展资源节约型经济，实现经济增长从主要依靠物质资源消耗向主要依靠智力资源转变。

数据显示，从国际市场产品的价值上看，生产环节创造的增加值占30%，70%来自以品牌为标志的研发和营销环节，而知名品牌的增值效应更为明显。通过实施商标战略，积极培育我国自主品牌，促进企业创新发展，推动产业转型升级，向品牌要效益，走品牌经济发展之路，是实施可持续发展战略，大力推进资源节约型、环境友好型社会建设的基本要求。

二、我国商标品牌战略实施工作的经验成效

（一）在商标品牌战略实施中政府必须发挥主导作用

商标战略实施是一个系统工程，需要政府、企业、行业以及消费者等社会各

界的共同努力和参与，而在各实施主体中，政府必须发挥重要的主导作用。

政府是商标知识产权公共政策的安排者。从国家层面看，商标知识产权是政府公共政策的选择，是否保护知识产权、对哪些知识赋予知识产权以及如何保护知识产权，是一个国家根据现实发展状况和未来发展需要所作出的制度选择和安排。商标战略在公共政策体系中也是一项政策，是在国家层面上制定、实施和推进的，即政府以国家的名义，通过制度配置和政策安排对于商标注册、运用、保护和管理等进行指导和规范，实现确定目标。

政府是商标品牌战略实施的引导者。实施商标战略、提升企业品牌价值对企业的好处显而易见，是符合企业利益和发展的。实践和历史经验告诉我们，仅仅依靠市场的激励机制不能完全激发企业的创新动力，商标战略实施必须要政府的推动和引导。

政府应做好以下几方面的工作：制定商标政策法规，为实施知识产权战略和发展知识产权经济创造良好的制度环境和条件。为各方主体设计科学有效的激励机制、约束机制和责任追究机制，激发积极性、主动性和创造性。加强宣传教育，商标法律制度得以有效实施的基础是社会公众对它的了解和信赖，通过加强宣传教育，推动商标文化建设，为商标战略实施营造良好的社会氛围。加强商标保护，维护公平有序的市场竞争秩序，为企业营造良好的战略实施环境，积极引导企业实施商标战略，提升企业运用商标推动自身企业发展的能力。

（二）商标品牌战略实施工作的成效

近年来，各地以商标战略的实施带动企业自主创新意识的增强，以品牌经济的发展带动经济的转型发展，在扩大商标注册量、培育高知名度商标、运用商标无形资产、发展品牌经济等方面取得了积极成效。如江苏省将自主品牌企业增加值占 GDP 比重作为重要指标，纳入"江苏基本实现现代化指标体系"中。浙江省将商标工作列入政府目标考核体系，实现了商标工作对市县党委政府进行考核的政策升级。四川省工商局与市州政府签订合作备忘录的方式，充分发挥地方政府在实施商标战略的主导作用。佛山市开发和启用商标预警监测系统、每季度发布《地区商标报告》、启用"有家就有佛山品牌"商标战略宣传标志、举办"商标战略进校园"活动、政府全面注册保护公共资源、实施商标专管员制度等。

1. 浙江省的品牌指导站

浙江省全面开展了品牌指导站建设工作，全省共有各类品牌指导站 700 多家，实现了全省各县（市、区）的全覆盖。具体有乡镇品牌指导站、农产品品牌指导站、特色行业品牌指导站。乡镇品牌指导站主要工作是制订区域商标品牌发展规划，提出地方商标品牌建设意见及工作举措，建立辖区商标档案，指导不同类型企业运用商标战略争创自主品牌，开展综合性的商标政策法律宣传。农产品品牌指导站是以富阳等地为代表，在"农"字上做文章，围绕农产品商标注册、有效使用农产品商标、农产品创牌等重点，通过举办集中的品牌宣传培训活动。特色行业品牌指导站以绍兴县轻纺城、嘉善西塘旅游景区等为代表，由风景区管委会、市场管理机构、开发区管委会等机构提供场地、经费和人员保障，建立品牌指导站，对旅游景区服务业、市场经营户、制造业等特色产业开展指导。

2. 江苏省的品牌发展集聚化

江苏省成立了产业集群品牌培育基地培育领导小组，明确了江苏省商标品牌战略实施目标，出台了《江苏省产业集群品牌培育基地确认和管理办法》，明确了省产业集群品牌培育基地的申请条件、程序和培育措施，完善扶持措施。在全省工商系统广泛建立党员品牌培育基地联系点制度，打造指导平台。省级产业集群品牌培育基地基本实现"四有"：有场所、有机构、有人员、有制度，奠定了良好的发展基础。经过几年的发展，江苏省打造了一批产业集群品牌培育基地，取得了非常明显的成绩。叠石桥家纺基地 2010 年市场成交额超过 350 亿元，位居全国家纺市场之首。丹阳眼镜基地年产眼镜架 1 亿多副，占全国 1/3；光学玻璃及树脂镜片 2.5 亿副，占全国 70% 以上，约占世界总产量的 50%。无锡市宜兴电缆产业集群品牌培育基地，依托 11 件驰名商标和 12 件省著名商标，年销售额 410 亿元，增幅 41.5%，以不足全市 7% 的人口、5% 的地域，创造了宜兴市工业经济近 1/4 的业绩。

三、内蒙古自治区商标品牌战略实施的背景

内蒙古自治区党委、政府提出"8337"发展思路，要着力调整产业结构，把内蒙古自治区建成保障首都、服务华北、面向全国的清洁能源输出基地；全国重要的现代煤化工生产示范基地；有色金属生产加工和现代装备制造等新型产业基地；绿色农畜产品生产加工输出基地；体现草原文化、独具北疆特色的旅游观光、休闲度假基地。应该看到，做好各基地建设以及与此相关的流通体系与市场建设、品牌宣传与推广，有利于加快产业层次的高级化进程，有利于形成自治区产品优质优价机制，增强各产业产品的市场竞争力，拓宽国际国内产品市场，促进农牧民增收；同时有利于地方主导产业的快速形成与发展，品牌建设也有利于地方特色产品的市场宣传与推广，产业化程度将不断提升，有利于推动各产业资源向优势区域集聚，特色产品向资源优势最适宜区集中，形成优势产区和优势企业，推进产品标准生产、精深加工、系列开发，进一步延伸产业链条，加快产业科技化、品牌化、市场化进程，增加产品附加值，提高产业生产水平，提升各市

场主体品牌意识，增强产品市场竞争力，提高产业综合生产能力、科技创新能力、市场竞争能力和市场主体综合素质，全力推进各产业发展进程。

自治区党委和政府出台了一系列政策，推动了商标品牌战略工作向纵深发展，商标品牌战略已经由部门行为上升到政府行为。如《内蒙古自治区绿色农畜产品生产加工输出基地发展规划（2013～2020年）》，将商标品牌建设列入其中；《内蒙古自治区人民政府关于加快推进服务业发展的指导意见》（内政发〔2013〕80号），明确了服务业获得驰名商标、著名商标的奖励意见；《内蒙古自治区人民政府关于印发鼓励和支持非公有制经济加快发展若干规定（试行）的通知》（内政发〔2013〕61号），明确了对非公有制市场主体获得驰名商标、著名商标的奖励政策（明确了被认定为中国驰名商标的，一次性奖励人民币100万元；被认定为内蒙古自治区著名商标的，一次性奖励人民币50万元）；《内蒙古关于进一步加快县域经济发展的意见》，明确了商标品牌建设在县域经济发展中的作用。同时，各盟市出台的商标战略实施的相关意见情况，各地工商部门积极采取措施全面落实文件精神，如呼伦贝尔市政府决定借助呼伦贝尔牛肉、羊肉、黑木耳、马铃薯获国家地理标志之机，2014～2016年每年拨付5000万元组织实施商标品牌带动战略，发展绿色农畜产品生产加工基地，打造四个驰名商标，推进四个百亿产业集群发展。截至2014年底，呼和浩特、包头、呼伦贝尔、兴安盟、通辽、赤峰、锡林郭勒盟、乌兰察布、鄂尔多斯、巴彦淖尔、乌海、二连浩特等12个盟市政府及40个旗县区政府已分别下发了实施商标品牌战略的意见规划或奖励政策。乌兰察布市政府、鄂尔多斯市工商局相继组织召开了实施商标品牌战略推进会（经验交流会），分别对获得驰名、著名、知名和地理标志证明（集体）商标的企业进行了隆重表彰奖励。

但总体上看，内蒙古自治区大部分企业尚处于品牌创建的初级阶段，内蒙古自治区经济发展还没有摆脱粗放型发展方式，经济增长更多集中在资源型产业，产业结构、产品结构还不够合理，劳动密集型的初级产品居多，深加工、高新技术、高附加值的产品少。农牧业产品深加工发展滞后，规模化的精细包装产品少，商标品牌结构单一，含金量低，商标品牌在推动经济增长中所起的作用还需提高。因此，在内蒙古自治区实施的经济发展战略中，还需要重视品牌战略带动，逐步形成一批规模大、质量高、信誉好、拥有核心技术的国内外知名品牌。这是内蒙古自治区走新型工业化之路，保持持续竞争优势的重要战略。

第 二 章

实施商标品牌战略在县域经济发展中的重要意义

　　县域经济是国民经济的基本单元，商标品牌发展与县域经济发展具有正相关关系。实施商标品牌战略有利于地方特色产品的市场宣传与推广，增强产品市场竞争力，提高产业综合生产能力、科技创新能力、市场竞争能力和市场主体综合素质；有利于推动各产业资源向优势区域集聚，特色资源向资源优势最适宜区集中，形成优势产区和优势企业，进一步加快产业科技化、品牌化、市场化进程；有利于通过品牌企业带动地方中小微企业共同发展，促进地方产业链条逐步延伸，培育特色优势产业，促进当地农牧民增收，推动县域经济快速发展。

一、中国依托商标品牌建设助推经济发展的宏观背景

（一）中国发展品牌经济的国际背景

1. 当前世界经济竞争已进入品牌竞争时代

当今世界，最富有或经济实力最强的国家，其经济都建立在品牌之上，而不是建立在产品之上。一个国家品牌是否强盛，可以反映这个国家是否强盛。一个国家拥有多少世界级知名品牌，已经成为衡量一个国家经济实力和国家竞争力的重要标志。从国际经验来看，拥有驰名商标和知名品牌的企业在产业价值链中日益占据优势地位，高认可度的品牌吸引力已经成为跨国公司掌握发展主动权的关键因素。

2. 跨国强势品牌的战略态势

在经济全球化的推动下，竞争品牌将呈现数量锐减和相对集中趋势。一些行业或产业群体中的核心品牌往往通过重组、联合和结盟，既保持了品牌独立性，又增强了各自互补性，形成相对稳定的战略伙伴或利益共同体，从而在全球市场竞争中保持优势地位。一个品牌价值越高，其对全球产业链的主导力就越强。美国的"苹果"、德国的"西门子"等知名品牌，不仅企业在全球市场获得青睐，同时还打造出了国家形象，像美国的科技创新、德国的高质量以严谨的品牌形象深入人心，并带动了国内相关产业链的发展。比如德国、日本的汽车，美国的日化产品，特别是美容化妆品等。

3. 国家品牌竞争力趋于整体化

美国不仅拥有"可口可乐"、"IBM"、"微软"等为数众多的世界品牌，而且拥有发达的装备制造业、航空运输业、金融服务业、现代农牧业和高科技产业等，整体构成了国家品牌竞争力的产业基础和优势，在竞争中处于优势地位，达到垄断效果。世界500强，美国品牌占了227个，日本39个，中国只有29个。29个还主要集中在垄断领域，如石油化工、电力、邮电通信、银行，且知名度和业务分布主要在国内。

4. 品牌竞争呈现非对称性趋势

据联合国工业计划署统计，国际知名品牌只占全球品牌总量的3%不到，可实现的销售额却占全球的60%以上。

（二）中国提出发展品牌经济的国内背景

1. 我国已具备发展品牌经济的基础

改革开放以来，中国经济持续发展，国力大增，已成为世界第二大经济体，

赶超世界第一大经济体，为我国民族品牌的发展，尤其是世界级知名品牌的产生提供了雄厚的经济基础。在这样的背景下，快速提升民族企业的核心竞争力，创建自主国际知名品牌已经成为社会各界关注的重大课题，成为企业做大做强的发展方向。

2. 我国的品牌竞争力亟待提高

一直以来，我国品牌在国际竞争中处于追赶和从属地位，自主品牌出口不足10%，中国有170多类产品产量居世界第一，但是却很少有世界水平的知名品牌。中国是一个商标大国，年申请注册量已达到世界第一，但是中国又是一个品牌弱国。全球最有价值的100个品牌，中国榜上有名者寥寥无几。适应经济发展新常态，即面对机遇和挑战，我们必须建立完整的科技创新体系，积极发挥"万众创新"的历史机遇，努力开发和利用自主知识产权及核心技术，不断提升民族品牌的附加值，提高国际市场的整体竞争力。对于企业来说，商标和品牌是商誉的综合体现，也是企业发展的灵魂。对于国家来说，商标和品牌是产业升级转型的成果，更是创新能力、综合实力的象征。

3. 国家高度重视品牌战略

我国品牌经济发展的良性机制正在形成，党中央、国务院提出贯彻科学发展观，正在实施创新驱动发展战略。党的十八大又重申"实施知识产权战略、加强知识产权保护"。2014年5月，习近平总书记在河南考察时提出：推动中国制造向中国创造转变，中国速度向中国质量转变，中国产品向中国品牌转变。中共十八届五中全会明确提出，要"培育以技术、标准、品牌、质量、服务为核心的对外经济新优势"。这反映了在新常态下我国经济发展的前进方向，也反映出国家领导人对品牌经济发展寄予的高度期望。我国加快实施创新驱动发展战略，发展品牌经济成为适应经济新常态的新动能之一。在实施"中国制造2025""一带一路""互联网＋"和"大众创新、万众创业"等重大战略过程中，需要品牌经济的配套支撑。缺乏自主品牌、自主创新能力，产品的附加值很低已是我国经济持续健康发展的重要障碍。党的十八届三中全会对未来中国10年经济发展战略作出了明确部署，要求紧紧围绕使市场在资源配置中起决定性作用，深化经济体制改革，加快完善现代市场体系，加快转变经济发展方式，加快建设创新型国家，推动经济更有效率、更加公平、更可持续发展，适应经济发展新常态。可以说，在适应和引领新常态的新时期，加大力度发展品牌经济，已成为担负起民族品牌科学发展、产业品牌化发展和国家产业战略发展的重大课题和战略抉择。

（三）发展品牌经济是促进县域经济发展的必然选择

1. 商标品牌战略是适应经济发展形势、推动县域经济发展的需要

商标品牌凝聚着质量、创新、信誉、服务和文化等多重竞争要素，是国家权

威部门和社会对一种产品公认度的重要体现。随着经济全球化和知识经济（高科技经济）的发展，创造著名商标品牌已经成为全球经济和科技竞争的制高点之一，也是国家经济综合实力的体现。没有品牌集聚的区域经济不可能成为经济实力强或竞争优势大的地区，商标品牌对县域经济发展的带动作用越来越大。同时在国家大众创业，万众创新的大背景下，政府和企业更加重视商标品牌工作。

2. 县域经济具有创造特色经济的基本条件，利于品牌的形成

县域经济是县级行政区划的空间地域内的经济活动，是包括生产、流通、分配、消费等区域性社会再生产过程。县域经济依托当地的气候、自然资源、人文资源而形成具有地方特色的地域经济，其产品有着地方资源、地方文化的明显标志。县域经济受地理区位、自然条件或资源禀赋、交通条件、历史人文等因素的影响，可能形成以某一产业为主体的特色经济，县域经济不能"小而全"，应该"宜农则农"、"宜工则工"、"宜商则商"、"宜游则（旅）游"，注重发挥比较优势，突出重点产业和特色产业。这为县域经济根据自身特色发展品牌经济提供了现实可能性。这种可能性一方面体现在以"特色"为支撑，这是发展品牌经济的关键。因为，品牌是与特色相联系的。从品牌经济的发展路径来看，总是先形成品牌产品和品牌企业，然后形成品牌产业，在产业做强做大的基础上最后形成品牌经济。无论是品牌产品、品牌企业，还是品牌产业，其品牌的形成都与"特色"密不可分，而县域经济具有创造特色经济的基本条件。

3. 商标品牌战略是县域经济发展适应市场经济发展的必然要求

计划经济不存在竞争，品牌不能显示它的价值，品牌难有用武之地，不能显现它对经济发展的推动作用。随着市场经济日益趋向成熟，对知识产权保护制度体系的日益完备，高技术经济背景和趋势下创新驱动的意义更加显现，品牌逐渐成为必然的追求，对经济发展的推动作用也更加突出。从消费层面来看：收入水平的提高扩大了消费者选择的空间，消费者的选择从被动变为主动，从感性变为理性，消费者的品牌意识越来越强，追求好声誉、高品质、有档次的品牌产品成为消费的主流和方向。从企业产品供给层面来看：企业在有序的市场竞争环境下，也改变竞争手段，打造品牌成为企业参与市场竞争的理性选择。推动县域经济持续健康发展，政府在整顿和规范市场秩序的同时，也必然把另一着力点放在引导企业注重品牌竞争上面，这是遵循市场经济运行规律的必然要求。

4. 商标品牌状况直接影响县域经济发展的可持续性

深入贯彻科学发展观，决定了长期以来以消耗能源、资源，特别是土地资源和低成本劳动力为代价的县域经济发展模式已经不具有持续性。在适应新常态、把握新常态、引领新常态的背景下，切实把握创新驱动发展战略，探寻新的发展模式已迫在眉睫，根据自身的产业特色发展品牌经济是一个重要的也是必然的

选择。

　　一个知名品牌，带给消费者的是超过商品本身的满足感，是消费者地位、身价、荣耀的象征，且更多地带有文化色彩和思想上的影响，品牌一旦建立，就具有广泛的、深厚的社会基础，就具有公认性、深入性、持久性。这就给一个地方的经济奠定了发展的基础和潜力。同样，品牌独创性、高贵性的特点也彰显了一个地方经济发展的特色。品牌可以增加地方经济的知名度，提高地方经济的外在形象，增强地方经济的对外吸引力。实践证明，品牌的数量、档次显现着一个地方经济的综合实力和外在的影响力，与地方经济的综合实力和外在的影响力成正比，也与地方经济发展的可持续力成正比。

　　县域经济发展走向"产业集聚、龙头带动、主体支撑、品牌引领"的轨道，走创新驱动的可持续发展之路，提升核心竞争力，需要重视知识产权的保护，需要重视品牌的培育、发展和建设。如果没有品牌引领，产业就不可能集聚，龙头带动就不可能形成，主体支撑也无从谈起。中国制造不可能建立起优秀的企业文化，更不可能塑造出伟大的品牌，长期处于制造和生产阶段，将造成巨大的资源消耗和环境污染，而单纯地追求生产规模和经济规模的扩大，将会对经济可持续发展构成很大的威胁。实施商标品牌战略，发展品牌经济，提高品牌经营的层次和水平，是扭转这一被动局面的唯一正确选择。

　　5. **商标品牌战略是县域政府引导企业发展的重要手段**

　　品牌是一种资源或生产要素，对于县域内的许多中小企业来说，创品牌的困难大，成功概率比较小，如果区域内已经形成了某种知名品牌，在政府的引导下，许多中小企业可以通过与品牌企业合资合作实现资源共享，并达到共同发展的目的。县域可以通过大力发展企业的产品品牌形象、企业品牌形象、产业品牌形象而逐步树立起良好的区域或县域形象，积极发挥商标品牌具有正的外部性。例如，广东东莞作为我国南方最富有生机的经济区域之一，品牌已经成为东莞经济实力的主要标志和经济活力的重要显现。

　　6. **品牌潜在的生产力可以提升企业的竞争力**

　　品牌是企业立足市场的实力招牌，反映了一个企业核心竞争力的综合发展水平。在日益成熟的市场经济条件下，品牌是获得和提升企业无形资产的基本载体，是企业法律地位最受保护的根本所在，也是一个企业信用和质量管理的重要亮点和集中体现。随着我国社会主义市场经济的不断发展和完善，企业作为市场经济主体在竞争中由原来的成本、价格等初级阶段的竞争演变为品牌竞争；资本的扩张也由原来的有形资产扩张转化为利用品牌的无形资产扩张。在市场中，有时无形的品牌甚至比一个有形的企业还重要。可以说，品牌既是一种无形的资产，也是一种潜在的生产力，更是一个企业竞争力的外在体现。

同时，在企业提升竞争力的过程中，为县域核心竞争力的形成和提升夯实了基础。一个国家或地区的竞争优势并不一定是看整个国民经济，而主要是看该国家和地区有无独特的产业或产业群，而产业集群的发展以微观企业竞争力的提升为前提和基础。产业集群的发展在区域形成具有地方特色的品牌，并逐渐成为区域核心竞争力的标志。在经济全球化背景下，成功的县域大多具有地方特色的产业集群，有较高市场占有率和影响力的产业产品，以及其他地方难以模仿的区域品牌。

二、部分省市地区实施商标品牌战略促进经济发展的启示

（一）江苏省实施品牌战略的措施和启示

1. 江苏省实施品牌战略促进经济发展的措施

1995 年，江苏省人民政府就出台《关于实施名牌战略大力发展江苏名牌产品的意见》。从 1995 年起，江苏省每年开展"江苏名牌产品"的确认工作，并规划每年争创"江苏名牌产品"100 个左右，确立了到 2000 年，力争有 500 个产品的经济技术指标在全国同行业中名列前茅，成为在国内市场有知名度、有信誉、有规模、有实力的名牌产品，其中有 100 个产品在国际市场上站得住、打得响，具备争创国家名牌实力的规划。在之后的历次江苏省国民经济和社会发展五年规划纲要中均给予重视。

"十二五"期间，江苏省确立了立足地区实际的六大工作重点，即大力培育现代农业名牌；全力壮大先进制造业名牌；倾力发展现代服务业名牌；极力打造区域名牌；着力发展传统特色手工艺名牌；努力培育国际知名品牌。并对此采取了强有力的工作保障措施：首先，强化政府推动。发挥各级政府在实施名牌战略中的组织、推动和监督作用，加大对名牌的培育扶持力度，建立健全工作机制，形成强大的推进合力。其次，引导企业主动。充分发挥企业在实施名牌战略中的主体作用，引导企业不断强化名牌意识，落实创牌举措，提升核心竞争力。最后，加强社会互动。加大对江苏省名牌的理论研究、专业服务和宣传，形成推进名牌战略的社会氛围。

《江苏省国民经济和社会发展第十三个五年规划纲要草案》中又明确提出了发展品牌经济。其中指出，大力推进质量强省和品牌强省建设，深入开展质量品牌提升行动和质量强市创建活动，实施商标和名牌战略，全面提升产品、工程和服务质量以及自主品牌建设水平，打造江苏品牌、江苏标准，推动江苏制造走向质量时代。实施"一企一标"、"一社一标"工程，引导企业通过品牌创建推动

经营理念、技术、产品、管理和商业模式创新。实施商标密集型产业发展计划，以旅游业、纺织服装业等为突破口，培育"畅游江苏"、"时尚江苏"等10个左右品牌价值高的商标密集型产业。实施品牌价值提升工程，支持企业名品名牌建设，依托特色产业集群和产业集聚区打造区域品牌，培育一批知名品牌示范区，形成500家拥有核心知识产权和自主品牌、具有国际竞争力的商标密集型企业。

2. 江苏省实施品牌战略促进经济发展的成效和启示

品牌发展战略对促进江苏省经济社会发展起到了积极作用。"十一五"期间，江苏省围绕产业结构调整和优化升级的目标，大力推进名牌战略，培育壮大名牌产品群体，名牌产品的技术质量水平、市场占有率和品牌知名度不断提高，极大地增强了全省企业自主创新能力，形成了以名牌为龙头的产品集群和产业集聚，有力地推动了全省经济健康快速发展。截至2010年底，江苏省共创成中国世界名牌2个，数量居全国第二；中国名牌238个，占全国总数的12%；培育发展江苏省名牌1811个。省级以上制造业名牌销售收入占全省规模以上工业企业的比重约为29%，名牌经济已成为江苏省经济发展的重要引擎和强大支撑。

"十二五"期间，经济转型升级取得重大进展。创新型省份建设迈出重要步伐，区域创新能力连续7年位居全国第一，研发经费支出占GDP比重由2.07%提升至2.55%，苏南国家自主创新示范区建设扎实推进。产业结构调整实现"三二一"的标志性转变，第三产业比重超过48%，年均提升1.4个百分点。战略性新兴产业销售收入年均增长16.8%，高新技术产业产值占规模以上工业比重达到40.1%，年均提升1.4个百分点。粮食总产实现"十二连增"，现代农业发展水平达到80%以上。

总体上看，江苏省品牌发展状况走在全国前列，在江苏省经济社会发展过程中起到积极的助推和拉动作用，这与江苏省党政领导高度重视品牌发展战略，把握国际经济社会发展形势，立足地区经济发展实际，提出具有针对性、可操作性的政策措施具有重要关系。在企业逐利性的经济发展规律基础上，积极地发挥市场基础性资源配置作用，并有效发挥政府的宏观调控作用，较好地处理好这"两只手"的功能和作用，是实施品牌发展战略推动地方经济发展的必然选择。

（二）部分县域经济发展的商标品牌战略及启示

1. 河北省部分县域经济发展的商标品牌战略及启示

近年来，河北省赤城县大力推进商标品牌战略，促进了企业发展。仅2014年就培育注册商标5件，实现了以品牌促经济发展，促产业提质增效。"康绿达"牌双孢菇在北京市、天津市广受青睐，"菌菌乐道"牌香菇、黑木耳等远销韩国、日本等国家，"CCHY"牌乐器受到了国际乐器界专业人士的认可和钟爱，销往 20 多个国家和地区。赤城县已先后培育了注册商标 57 件，其中省级著名商标 2 件。

在培育注册商标过程中，注重注册商标的后续发展。河北攀宝沸石生态农业种植有限公司的"立康园"在申请注册商标后，使用于新鲜蔬菜、新鲜水果上，经营中消费者满意，回购率高，具有良好的市场占有率和知名度。河北省工商局给予了大力支持，深入市场调研，协助企业办理相关手续，经过努力，"立康园"商标被评定为河北省著名商标。

2. 陕西省商南县经济发展的商标品牌战略及启示

近年来，商南县按照"政府主导、部门联动、企业操作、社会参与、政策扶持、合力推进"的思路，大力实施商标强县战略，推进商标品牌梯级发展，取得了显著成效。截至 2014 年 2 月，全县注册商标总量已达 298 件，其中已拥有中国驰名商标 1 件、陕西省著名商标 6 件、商洛市知名商标 3 件，中国驰名商标"金丝源及图"、陕西省著名商标"金丝峡及图"、"双山"茶叶、"秦露及图"茶叶、"福宝"水晶、"中剑及图"工业硅等商标已成为商南响亮的名片。

该县实施商标战略采取了立足县域实际的措施。一是建章立制，加大政策扶持力度。先后研究出台了《商南县推进商标战略五年规划》、《商南县实施商标带动战略助推县域经济发展实施方案》等一系列指导性文件，将"一镇一标"、"一村一品"纳入县政府对各镇年终考核内容，从组织、协调、政策上给予大力支持，促进商标注册和农产品商标培育。不断完善激励机制，严格兑现奖励政策，对工商部门认定的中国驰名商标、省著名商标、地理标志商标、市知名商标的企业，在省市配套奖励的同时，由县财政一次性奖励 3 万 ~ 30 万元，并对企业法定代表人一次性奖励 5 万 ~ 10 万元，激励引领企业加快商标战略推进步伐。二是分类施策，优化商标注册服务。实行"商标三书"服务，对商标使用中存在有轻微问题的企业或个体户及时下发《商标法律告知书》，提示其及时改正；对经营效益好、有发展前景、有注册意向的企业、组织和个人，送达《商标注册提示书》，提示其申报注册商标；对注册商标使用效果显著、发展前景良好的企业，及时下发《商标策略建议书》，引导其扩大商标注册成果。三是拓宽领域，增加商标注册总量。围绕传统农副土特产品、茶叶、中药材、种养殖、加工业等特色产业，大力扶持培育一批"名、特、优、新、稀"的涉农企业和品牌农产品基地，积极帮助符合申报条件的农副产品申报地理标志证明商标或集体商标；围绕生态宜居品牌建设，依托金丝峡、闯王寨、任家沟等丰富的人文和自然旅游资源，积极打造极具旅游文化内涵的特色品牌；鼓励旅游、餐饮、文化、现代物流、房地产等服务业注册商标和商标品牌发展，实现旅游商标的扩展延伸。同时大力推行"公司＋商标（地理标志）＋农民专业合作社＋农户"的产业化经营模式，促进全县农业依托农产品商标实现快速增效，巩固和发展"品牌兴农"成果。四是打假维权，加大商标保护力度。以"3·15"消费者权益日、"4·26"知识产权保护日为契机，组织开展以"打假冒、端窝点、保品牌"为主题的专项行动。对市场上冒用"三名商标"图形和文字标示的商品和服务进行全面清理。

三、内蒙古自治区实施商标品牌战略促进县域经济发展的选择

（一）内蒙古自治区品牌经济发展仍然滞后

"十二五"期间内蒙古自治区综合经济实力显著增强，地区生产总值由2010年的1.17万亿元增加到2015年的1.8万亿元，年均增长10%；人均生产总值由7070美元增加到1.15万美元，居全国前列。累计完成固定资产投资5.2万亿元，是"十一五"时期的2.6倍，年均增长18%。"五大基地"建设取得重要进展，三次产业结构由9.4:54.5:36.1演进为9:51:40，初步形成了多元发展、多极支撑的产业格局。在下行压力持续加大的情况下创新调控举措，稳住了经济增长，实现了新常态下的新发展，实现了经济发展水平和经济实力由全国后列到前列的跃升。但经济后续发展仍面临较多困难和挑战。内蒙古自治区是欠发达的边疆民族地区，综合经济实力还不够强，城乡、区域、经济社会发展不够协调，基础设施和基本公共服务比较滞后，城乡居民收入低于全国平均水平，与全国同步建成全面小康社会的任务艰巨繁重；内蒙古自治区产业结构比较单一，重型化特征明显，煤炭等资源型产业比重偏高，非资源型产业、战略性新兴产业、现代服务业发展不足，推进传统产业新型化、新兴产业规模化、支柱产业多元化的任务艰巨繁重；内蒙古自治区经济增长动力不够均衡，科技支撑能力不强，有效需求和有效供给不足并存，劳动力、资本等生产要素供求关系趋紧，加快转变经济发展方式、培育新的增长动力、实现从要素驱动向创新驱动转变的任务艰巨繁重；内蒙古自治区生态环境还比较脆弱，推进经济绿色转型、实现发展与保护双赢的任务艰巨繁重；内蒙古自治区经济运行积累的潜在风险较多，部分行业产能过剩，不少企业经营困难，一些地方政府债务负担较重，新常态下的新矛盾新问题逐步显现，加强经济运行调控和治理、有效应对各种风险挑战的任务艰巨繁重。转方式、调结构是必然选择，品牌经济快速发展的引领和支撑作用亟待加强。内蒙古自治区多数盟市或旗县都有很好的地上和地下资源，但难以实现理想的比较效益，形成发展的比较优势和突出优势。比如，自2009年实施商标品牌战略以来，内蒙古自治区地标注册增长较快，截至2014年已经达到32件，增速较快，但是

分布不平衡。在地标注册方面，从行政区划来看，盟市一级基本消除空白，但是旗县一级空白比例仍然较大；从自治区拥有丰富的地上地下资源及农畜产品资源等形成的品牌来看，地标注册的差距更大。在地标使用方面，差距更大，现在真正使用的只10件左右，使用好的或者比较好的仅为一半左右。在新常态下，全面贯彻落实自治区"8337"发展思路，实施商标品牌战略、发展品牌经济是必然的选择。

（二）商标品牌对内蒙古自治区经济增长起到积极的助推作用

从企业层面来看，比如内蒙古伊利集团，20世纪80年代是呼和浩特回民奶食品厂，规模很小，经过几年的快速发展，到90年代初已是呼和浩特市第一批上市企业。伊利集团从当初一个小企业成长为现在的全国乳业领军企业，并进入世界500强和十大乳业企业，其发展过程中"伊利"商标品牌起到了积极的助推作用。包头的小肥羊公司，依托"小肥羊"商标，一度成为全国家喻户晓和年度增长最快的餐饮连锁企业，2011年被美国百胜集团收购，当前世界各地都设有小肥羊餐饮连锁店。从地区发展来看，比如"伊克昭盟"撤盟建市改为"鄂尔多斯市"，与鄂尔多斯羊绒集团的商标广告语："鄂尔多斯温暖全世界"有密切联系。特别是1999年"鄂尔多斯"商标被认定为中国驰名商标后，在鄂尔多斯羊绒集团的带动下，90年代初鄂尔多斯市出现了四大企业集团，目前已拥有支撑区域经济发展的几十家大型企业集团，是靠商标品牌的功能发展起来的典型地区。无论是企业还是地区，经济实力、市场竞争力与驰名商标、著名商标和地理标志商标及相关龙头或领军企业（集团）等知名品牌具有较强的相关性。经济增长与发展的共同特点是先有品牌企业、品牌产品，后有品牌产业、品牌经济，最后托起了一个地区经济的快速发展。

（三）内蒙古自治区政府高度重视商标品牌战略，促进县域经济发展

实施商标品牌战略在内蒙古自治区已成为政府行为，品牌经济可以作为供给侧改革的重要抓手，品牌创建、驰名商标认定等已列入自治区"十二五"经济发展规划及知识产权保护与发展、农畜产品加工产业等相关专业规划。自治区政府有关部门和各盟市近几年相继出台了一系列实施商标品牌战略促进经济持续健康发展的意见或办法。比如，自治区绿色农畜产品发展规划（2013~2020年），第一次将知名品牌（驰名商标、著名商标和地理标志）创建情况列入规划内容；《内蒙古自治区人民政府关于加快推进服务业发展的指导意见》（内政发〔2013〕80号）、《内蒙古自治区人民政府关于印发鼓励和支持非公有制经济加快发展若干规定（试行）的通知》、《内蒙古自治区人民政府关于振兴羊绒产业发展的意

见》（内政发〔2013〕74 号）、《内蒙古自治区党委、政府关于进一步加快县域经济发展的意见》中涉及商标品牌建设和对驰名商标奖励的意见；《内蒙古自治区人民政府关于加快推进品牌农牧业发展的意见》（内政发〔2014〕116 号）、《内蒙古自治区人民政府关于加快培育领军企业推进产业集群发展、提升农牧业产业化经营水平的意见》（内政发〔2015〕2 号）明确了农牧业商标品牌培育保护等意见和对领军企业品牌建设提出了明确的目标等。同时，内蒙古自治区 12 个盟市也先后出台了推进商标品牌战略实施的具体意见并奖励办法，使商标品牌战略实施由部门行为上升为政府行为。《内蒙古自治区国民经济和社会发展第十三个五年规划纲要》单列一章强调加强质量和品牌建设，实施质量强区战略，做强自主品牌，提升质量创新能力和产业核心竞争力。明确了加快培育拥有自主知识产权与核心竞争力的品牌产品、品牌企业，加大内蒙古主席质量奖、内蒙古名牌、中国驰名商标、内蒙古自治区著名商标培育力度，优先扶持培育高新技术、服务业、能源化工等新兴支柱产业的商标品牌，加快形成各地各行业品牌集群。重点培育和保护食品、羊绒、蒙药中药、饲料、文化、旅游等传统优势行业商标品牌。推动自治区重点企业商标国际注册，增强国际市场竞争力。建立健全品牌价值研究、发布和品牌创新激励制度，推动企业从产品竞争、价格竞争向质量竞争、品牌竞争转变。建立和完善自主品牌成长机制，开展知名品牌创建行动，集中力量培育、扶持和发展一批拥有自主创新能力的驰名商标、优势品牌企业和全国知名品牌示范区。加大宣传力度，提高自主品牌的国内外知名度和影响力。加强监管体系和能力提升建设，建立完善品牌保护机制。"十三五"期间，计划培育 500 个具有国内市场竞争能力的内蒙古品牌、110 件中国驰名商标和 1000 件自治区著名商标，获得 100 件地理标志证明。

第 三 章

内蒙古自治区商标发展情况

　　截至 2014 年底，内蒙古自治区累计有效注册商标共计 64081 件，与 2013 年同期（56746 件）相比增加 7335 件，增幅 12.93%。目前，知名商标、内蒙古著名商标、中国驰名商标三大梯次方阵已初步建立。

　　截至 2014 年底，内蒙古自治区拥有中国驰名商标 74 件、内蒙古著名商标 650 件。被认定的内蒙古著名商标企业基本都是在行业或地区有独特的成功经营经验、持续稳定的市场占有率和非常好的经济效益，得到广大消费者、产品使用者高度认可和广泛好评的市场主体。同时，著名商标认定工作的开展，也对传统产业现代化、新型产业规模化、支柱产业多元化起了积极作用，对加快农牧业产业化进程、增加农牧民收入、促进农畜产品生产加工输出基地建设做出了应有贡献。

　　截至 2014 年底，内蒙古自治区共有地理标志商标 32 件，通过地理标志的注册，地理产品品牌的管理，切实提高了农牧业生产效益，增加了市场主体的收入，促进了农牧业经济的发展。

　　内蒙古自治区商标发展、商标品牌战略实施、商标执法工作都有了长足进步，有力推动了品牌内蒙古建设步伐，进一步提升了企业强化品牌建设的理念，切实加大了农畜产品品牌培育和品牌建设力度，促进了内蒙古经济转型升级和县域经济发展。

一、总体情况

（一）内蒙古自治区注册商标发展概述

"十二五"期间自治区党委、政府出台了一系列有利于内蒙古自治区注册商标发展的相关政策，而在自治区工商局的统一领导下，内蒙古自治区商标监督管理机构不断加大对各类商标的注册和保护工作力度，积极指导各盟市注册各类商标。在自治区工商局和各盟市工商局的共同努力下，内蒙古自治区注册商标总体发展态势良好，内蒙古自治区商标申请和注册稳步增长（详见表3-1）。

表 3-1　内蒙古自治区 2010～2014 年注册商标情况统计

单位：件

年份	申请件数	注册件数	有效注册量	驰名商标	地理标志	马德里注册
2010	9325	11319	35896	29	13	47
2011	10811	8714	43628	37	16	52
2012	11056	8754	51387	46	20	59
2013	13146	6899	56746	——	24	66
2014	17609	9788	64081	——	35	73

截至 2014 年底，内蒙古自治区新申请商标数量为 17609 件，与 2013 年同期（13146 件）相比增加 4463 件，增幅 33.95%。

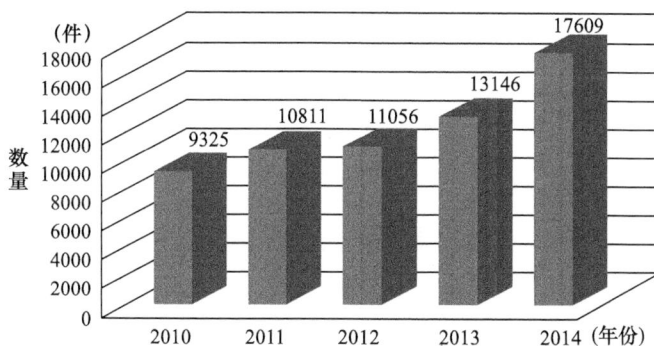

图 3-1　2010～2014 年内蒙古自治区新申请商标数量

截至 2014 年底，内蒙古自治区累计有效注册商标共计 64081 件，与 2013 年同期（56746 件）相比增加 7335 件，增幅 12.93%。

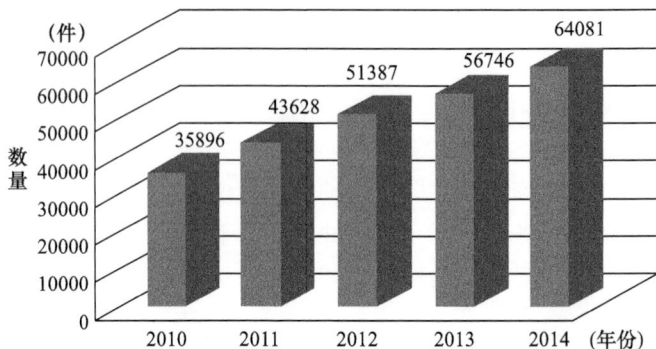

图 3 - 2　2010~2014 年内蒙古自治区有效注册商标数量

2010~2014 年，内蒙古自治区新注册商标虽略有波动，但是降中有升，自 2013 年开始内蒙古自治区新注册商标数量开始逐步上升。

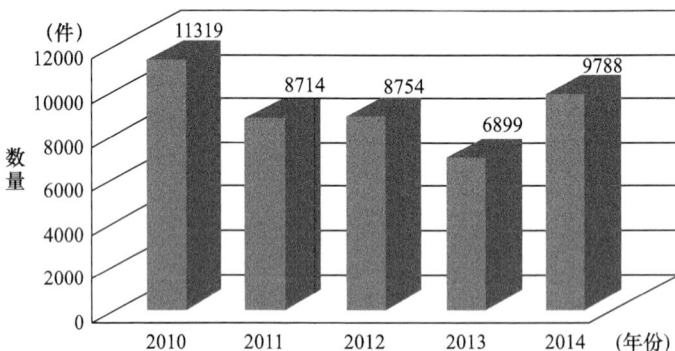

图 3 - 3　2010~2014 年内蒙古自治区新注册商标数量

在内蒙古自治区商标申请和注册快速发展的同时，各盟市注册商标的发展也在不断地加快。截至 2014 年底，内蒙古自治区各盟市累计注册商标 64081 件，居于全国第 25 位。其中呼和浩特市与鄂尔多斯市分别以 19456 件（占内蒙古自治区商标总数的 30.36%）和 11705 件（占内蒙古自治区商标总数的 18.27%）注册商标，分列第一位、第二位。

目前，内蒙古自治区共有驰名商标 74 件、著名商标 650 件、知名商标 1167 件，与 2013 年同期相比分别增长 17.46%、19.93%、6.77%（见表 3 - 2）。

表3－2　内蒙古自治区注册商标发展情况一览表

项目\地区	注册商标					
	累计注册商标（件）	占内蒙古自治区商标总数比例（%）	其中			
			驰名商标（件）	著名商标（件）	知名商标（件）	地理标志商标（件）
呼和浩特市	19456	30.36	17	104	180	6
包头市	9470	14.78	12	83	206	1
呼伦贝尔市	2882	4.50	3	49	88	4
兴安盟	1416	2.21	1	32	0	1
通辽市	3831	5.98	11	68	98	4
赤峰市	6009	9.38	11	64	190	7
锡林郭勒盟	1768	2.76	1	35	40	4
乌兰察布市	2156	3.36	3	25	50	5
鄂尔多斯市	11705	18.27	7	63	148	1
巴彦淖尔市	3410	5.32	6	70	133	3
乌海市	853	1.33	1	20	5	0
阿拉善盟	586	0.91	1	20	17	2
满洲里市	427	0.67	0	9	7	0
二连浩特市	112	0.17	0	8	5	0
合　计	64081	100	74	650	1167	38

注：累计注册商标数量来源于国家工商总局商标局。

（二）地理标志证明（集体）商标总体情况

从2005年内蒙古自治区拥有第一件地理标志证明商标以来，在自治区党委、政府以及各盟市政府的高度重视下，内蒙古自治区地理标志证明商标的数量逐年增加，截至2014年底内蒙古自治区共有地理标志证明商标32件。

表3－3　2005～2014年自治区地理标志商标注册情况

年份	2005	2006	2007	2008	2009	2010	2011	2012	2013	2014
年度新注册量（件）	1	1	0	5	2	4	0	7	7	5
年度累计注册量（件）	1	2	3	7	9	13	13	20	27	32

资料来源：由调研数据整理得出。

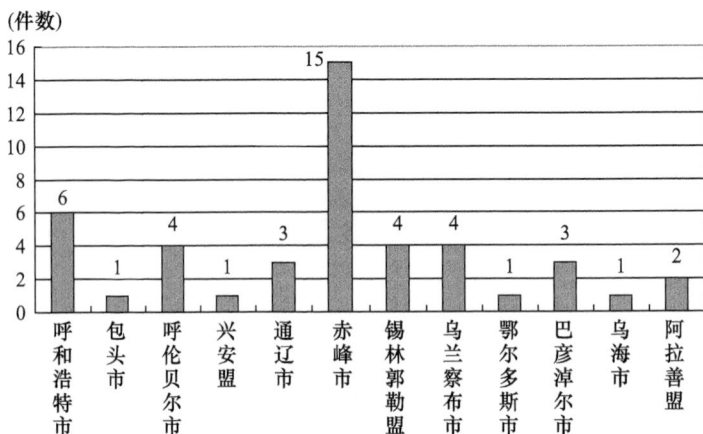

图3-4 内蒙古自治区各盟市地理标志商标注册情况

资料来源：由调查报告整理后得出。

随着地理标志证明商标注册数量的逐年增加，其在当地经济发展中的作用也日益显现。本书着重选取统计数据资料较为完整的22个地理标志商标的发展情况进行阐述。

表3-4 部分旗县地理标志证明商标的基本情况

编号	地理标志商标	旗县	隶属盟市	注册日期	商标注册人	商标日常管理单位
1	阿巴嘎黑马	阿巴嘎旗	锡林郭勒盟	2013年7月7日	阿巴嘎黑马协会	阿巴嘎旗畜牧工作站
2	阿巴嘎策格	阿巴嘎旗	锡林郭勒盟	2013年7月7日	阿巴嘎策格协会	阿巴嘎旗畜牧工作站
3	阿巴嘎乌冉克羊	阿巴嘎旗	锡林郭勒盟	2013年7月7日	阿巴嘎乌冉克羊协会	阿巴嘎旗畜牧工作站
4	呼伦贝尔马铃薯	海拉尔区	呼伦贝尔市	2013年2月7日	呼伦贝尔市马铃薯产业协会	呼伦贝尔市马铃薯产业协会
5	呼伦贝尔黑木耳	海拉尔区	呼伦贝尔市	2009年6月4日	呼伦贝尔市黑木耳产业协会	呼伦贝尔市黑木耳产业协会
6	呼伦贝尔牛肉	海拉尔区	呼伦贝尔市	2013年6月7日	呼伦贝尔市肉业产业协会	呼伦贝尔市肉业产业协会
7	呼伦贝尔羊肉	海拉尔区	呼伦贝尔市	2013年6月7日	呼伦贝尔市肉业产业协会	呼伦贝尔市肉业产业协会

编号	地理标志商标	旗县	隶属盟市	注册日期	商标注册人	商标日常管理单位
8	阿拉善肉苁蓉	阿拉善左旗	阿拉善盟	2012年1月14日	阿拉善左旗苁蓉行业协会	阿拉善左旗苁蓉行业协会
9	阿拉善锁阳	阿拉善左旗	阿拉善盟	2012年1月14日	阿拉善左旗苁蓉行业协会	阿拉善左旗苁蓉行业协会
10	杭锦旗甘草	杭锦旗	鄂尔多斯市	2014年9月14日	杭锦旗梁外甘草协会	亿利甘草公司
11	磴口华莱士瓜	磴口县	巴彦淖尔市	2007年10月	磴口县华莱士瓜研究所	磴口县华莱士瓜研究所
12	巴彦淖尔小麦	杭锦后旗	巴彦淖尔市	2008年1月21日	巴彦淖尔市农业科学院	科研管理科
13	达茂草原羊	达茂区	包头市	2009年4月7日	包头市达茂联合旗肉食品行业协会	包头市达茂联合旗肉食品行业协会
14	通辽牛肉干	通辽经济技术开发区	通辽市	2014年8月14日	通辽市牛肉干美食行业商会	通辽市牛肉干美食行业商会
15	库伦荞麦（未使用）	库伦旗	通辽市	2006年3月26日	库伦旗农业技术推广中心	库伦旗农业技术推广中心
16	扎鲁特葵花籽	扎鲁特旗	通辽市	2010年2月21日	扎鲁特旗香山农场葵花协会	香山农场办公室
17	托县彩米	托克托县	呼和浩特市		托克托县特色杂粮开发协会	内蒙古正隆谷物食品有限公司
18	托县茴香	托克托县	呼和浩特市		托克托县特色杂粮开发协会	内蒙古正隆谷物食品有限公司
19	托县辣椒	托克托县	呼和浩特市	2010年	托克托县辣椒协会	内蒙古正隆谷物食品有限公司
20	丰镇月饼	丰镇	乌兰察布市	2014年3月	丰镇市月饼行业协会	丰镇市月饼行业协会
21	鸿茅药酒	凉城	乌兰察布市	2012年	凉城县药酒协会	内蒙古鸿茅药业有限责任公司
22	察右中旗红萝卜	中旗	乌兰察布市	2013年6月	察右中旗红萝卜协会	察右中旗红萝卜协会

资料来源：由调研数据整理得出。

其中，13 个地理标志证明商标的核定使用范围均在其所属的旗县范围内，面积大约为 1.04 万平方公里；5 个地理标志证明商标的核定使用范围在其旗县所隶属的盟市范围内，面积大约为 13.15 万平方公里；3 个地理标志证明商标核定使用范围能够辐射到其所在旗县的周边地区，面积大约为 15.27 万平方公里。随着地理标志证明商标核定使用范围的逐渐扩大，其所产生的辐射带动作用也将随之扩大。

在这 22 个地理标志证明商标中，除 1 个地理标志证明商标没有是否许可使用的说明外，18 个地理标志证明商标开展了许可使用管理，占总数的 85.7%，3 个没有开展许可使用管理，占总数的 14.3%。具体情况如表 3 – 5 所示。

表 3 – 5 部分地理标志证明商标许可使用情况汇总表

地理标志商标	是否开展许可使用	许可管理单位	被许可生产经营管理者数量	是否收费	收费标准	许可使用单位产值占总产值的比重（%）
阿巴嘎黑马	是	农牧业局	26	否		
阿巴嘎策格	是	农牧业局	25	否		
阿巴嘎乌冉克羊	是	农牧业局	2	否		
呼伦贝尔马铃薯	是	呼伦贝尔市马铃薯产业协会	3	否		3
呼伦贝尔黑木耳	是	呼伦贝尔市黑木耳产业协会	5	否		5
呼伦贝尔牛肉	是	呼伦贝尔市肉业产业协会	3	否		7.6
呼伦贝尔羊肉	是	呼伦贝尔市肉业产业协会	3	否		4.2
阿拉善肉苁蓉	是	阿拉善左旗苁蓉行业协会	1	否		10.2
阿拉善锁阳	是	阿拉善左旗肉苁蓉行业协会	1	否		10.2
磴口华莱士瓜	是	磴口华莱士公司	1			40
巴彦淖尔小麦	否					
达茂草原羊	是		2	否		89
通辽牛肉干	否					
库伦荞麦	否					
扎鲁特葵花籽	是	扎鲁特旗工商管理局		否		
托县彩米	是	托县辣椒协会	1	是	5000 元/年	20
托县茴香	是	托县辣椒协会	1	是	5000 元/年	20
托县辣椒	是	托县辣椒协会	1	是	5000 元/年	20
丰镇月饼	是	丰镇市月饼行业协会	10	是		

地理标志商标	是否开展许可使用	许可管理单位	被许可生产经营管理者数量	是否收费	收费标准	许可使用单位产值占总产值的比重（％）
鸿茅药酒	是	内蒙古鸿茅药业有限责任公司	4	否		90
察右中旗红萝卜	是	察右中旗工商管理局	1	否		

资料来源：由调研数据整理得出。

作为地理标志其自身都有着一定的历史渊源，在旗县的旗志、县志、地方志和特产志中都可以找到这些地理标志形成的历史片段，每一个地理标志的形成背后都有一段历史。如达茂草原羊达茂来源于蒙古羊血统，它是在 1644 年僧格被清朝封为茂明安部札萨克开始在现在的茂明安地区驻牧时放牧的主要畜种，在漫长的历史演变过程中，在当地特定的生态环境中，经过长期的自然选择和牧民们精心培育，逐渐形成了一个独特的地方良种——达茂草原羊。直到今天各个旗县、盟市仍然在通过各种形式对这些地理标志背后所蕴含的历史文化进行大力的宣传，如黑马文化节、赛畜会、甘草节、磴口华莱士节等节庆活动，同时也设有专门的博物馆进行宣传，如苁蓉集团文化展厅、鸿茅文化馆及丰镇市月饼博物馆等。

旗县的地理标志注册成为证明商标后对县域经济的发展起到了非常重要的拉动作用。截止到 2014 年年末，自治区现有地理标志产品有 72.22％ 在全国范围内进行销售，89.47％ 的地理标志产品市场秩序较好，且有 94.7％ 的地理标志产品市场销售情况较好。

2014 年，在所调查的地理标志证明商标产品中，生产经营者的销售收入在 5000 万元以下的有 6 个（托县彩米、托县茴香、托县辣椒填表时合并填列，以三个标志计算，下同），占 35.29％，销售收入在 5000 万 ~ 8000 万元的有 3 个，占 17.65％，销售收入在 8000 万元以上的有 8 个，占 47.06％；为了对地理标志产品进行宣传推广，所投放的广告费用在 10 万元以下（含 10 万元）的有 9 个，费用在 10 万 ~ 30 万元以下（含 30 万元）的有 7 个，费用在 30 万元以上的仅有 1 个；而这些地理标志所带来的利润在 1000 万元以下的有 10 个，利润在 1000 万 ~ 5000 万元的有 6 个，利润在 5000 万元以上的仅有 1 个；为当地所带来的税收收入在 100 万元以下的有 9 个，税收收入在 100 万 ~ 500 万元的有 6 个；税收收入在 500 万元以上的有 2 个。

地理标志注册为证明商标后对旗县所产生的富民效应亦非常明显，在所调查的地理标志证明商标中，带动就业人数 1000 人以下的有 8 个，1000 ~ 5000 人以下的（含）有8个，人数在5000人以上的有1个；登记注册后地理标志产品价格增幅在30%以下（含）占81.82%，增幅在30%～80%的占9.09%，增幅达80%以上的占9.09%。由于地理标志产品价格的上涨使农民的收入也有了明显的增加，据统计农民人均年增收1000元以下的占29.41%，1000～5000（含）元以下的占52.94%，5000元以上的占17.65%。

表3-6 2014年部分地理标志商标的发展情况

隶属盟市	旗县	地理标志商标	销售收入（万元）	利润（万元）	税收（万元）	从业人员（人）	农民地标产品销售收入（元/人）	广告费投放（万元）
呼和浩特市	托克托县	托县彩米	44014.06	4612.42	174.67	184	128000	30
		托县茴香						
		托县辣椒						
包头市	达茂区	达茂草原羊	3300	405	免税	124	1200	9.7
呼伦贝尔市	海拉尔区	呼伦贝尔马铃薯	6460	610	339	320	900	30
		呼伦贝尔黑木耳	55805	862	57	775	870	30
		呼伦贝尔牛肉	125579	191	114	255	920	30
		呼伦贝尔羊肉	22359	1447	287	352	920	30
通辽市	扎鲁特旗	扎鲁特葵花籽	3000	10	—	300	400	2
锡林郭勒盟	阿巴嘎旗	阿巴嘎黑马	4000	3600	—	3300	5000	0
		阿巴嘎策格	780	780	—	3300	2360	0
		阿巴嘎乌冉克羊	60000	48000	—	13000	8000	0
乌兰察布市	凉城	鸿茅药酒	8997	272.8	1683	142		2533
鄂尔多斯市	杭锦旗	杭锦旗甘草	5002.5	-776.24	13.14	24	100000	4
巴彦淖尔市	磴口县	磴口华莱士瓜	5040	1512	504	5000	1500	10
阿拉善盟	阿拉善左旗	阿拉善肉苁蓉	1500	300	0	2000	180	2.5
		阿拉善锁阳	560	200	0	2000	150	2.5

资料来源：由调查问卷整理而成。

（三）驰名商标总体情况

在内蒙古自治区党委、政府以及各盟市政府的关注下，内蒙古自治区的驰名商标认定数量也呈现出逐年增加的趋势。截至2015年4月，内蒙古自治区共有驰名商标74件，其中2014年度新增了11件，但各盟市驰名商标数量的增幅并不均衡。

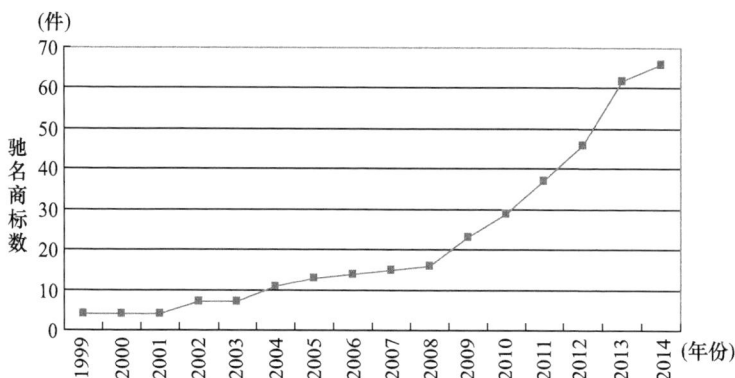

图3-5 1999~2014年内蒙古自治区驰名商标数量

资料来源：由调查问卷整理而成。

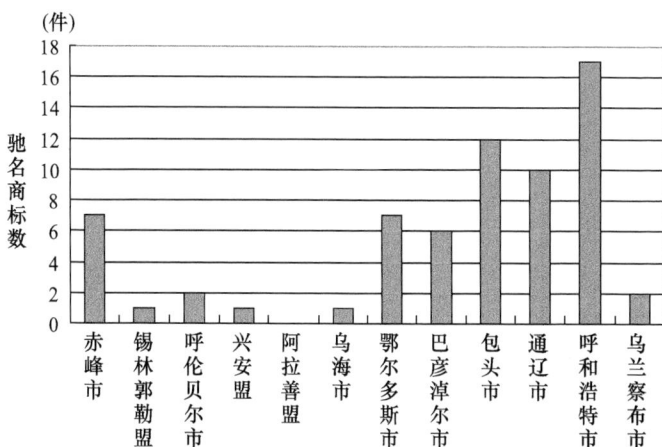

图3-6 2014年内蒙古自治区各盟市驰名商标数量

资料来源：由调查问卷整理而成。

截至2014年底，内蒙古自治区所辖各旗县区共有驰名商标63件（不包含2014年度新增的11件），分布在10个盟市的28个旗县区中，详见表3-7。驰名商标的使用不仅为企业带来了丰厚的利润，同时也对当地的经济发展做出了重要贡献。比如蒙都羊业股份有限公司注册的驰名商标蒙都在2014年的总销售收入达到6.1亿元，上缴税收2000万元；呼和浩特市玉泉区的草原红太阳食品有限公司注册的草原红太阳商标在2014年的总销售收入为31213.98万元，上缴税收1402.37万元，详见表3-8。

表3-7 截至2014年底各旗县驰名商标一览表

隶属盟市	隶属旗县	驰名商标名称	商标数量（件）
呼和浩特市	玉泉区	3000浦、草原红太阳	2
	新城区	维多利	1
	回民区	民族、兆君zhaojun及图	2
	和林格尔县	绿色心情、未来星、特仑苏、蒙牛、宇航人	5
	赛罕区	仕奇	1
	托克托县	金河	1
包头市	东河区	金鹿、草原、泰字、鹿王+图标、KINGDEER+图标注册号4560599	5
	九原区	"物华"图标	1
	昆都仑区	小肥羊LITTLE SHEEP及图	1
	青山区	第3774707号图形、北方重工、北奔	3
呼伦贝尔市	扎兰屯市	松鹿、吊桥	2
通辽市	开鲁县	宇标	1
	科尔沁区	大林、谷道粮原、谷道粮原、锦绣家园、科尔沁+kerchin及图、蒙古王、蒙王及图、罕山	8
赤峰市	元宝山区	草原兴发、大牧场	2
	巴林左旗	健元鹿业	1
	巴林右旗	BALINSHI	1
	翁牛特旗	蒙都	1
	克什克腾旗	达里湖及图形	1
	宁城县	塞飞亚及图、塞飞亚草原鸭、宁诚	3
锡林郭勒盟	太仆寺旗	红井源	1
乌兰察布市	凉城	鸿茅	1
	集宁区	鹏亚	1
	商都	奥淳	1
鄂尔多斯市	达拉特旗	东达蒙古王、响沙及图形	2
	东胜区	天骄、鄂尔多斯、伊泰及图、远兴及图	4
巴彦淖尔市	杭锦后旗	河套、河（图形）	2
	临河区	河套、巴运情	2
乌海市	海勃湾区	汉森	1

资料来源：由调研资料整理而成。

表 3-8　2014 年部分驰名商标的经济效应

单位：万元、人

隶属旗县区	驰名商标名称	总销售收入	税收	利润	从业人员	广告宣传
元宝山区	草原兴发	75104	1269	1641	2349	300
巴林左旗	健元鹿业	9283	1094	1033	200	—
巴林右旗	BALINSHI	2419.8	2169.46	-515.03	13	315.24
翁牛特旗	蒙都	61000	2000	4000	—	
宁城县	塞飞亚及图	120000	1120	11620	1590	—
	塞飞亚草原鸭	49733.73	53.94	-3272.94	2256	126.45
	宁诚	7545	2845	-1300	305	792
太仆寺旗	红井源	10570	191	1334	180	80
扎兰屯市	松鹿	16732	945	1432	245	121.22
	吊桥	22986	2289	1798	742	150
海勃湾区	汉森	54927	2370	9439	450	1200
达拉特旗	东达蒙古王	6393.33	240.61	-4.23	362	—
	响沙及图形	2800	7560	5600	320	600
东胜区	天骄	33222.57	2065.99	6198.2	178	520
	伊泰及图	361	38.74	27.8	7408	—
	远兴及图	249610.79	23610.83	73771.69	3600	0
	鄂尔多斯及图	46575	5250	9701	985	850
科尔沁区	谷道粮原	18941	10	3414	465	60
	锦绣家园	1960	79	334	127	44
	蒙古王	17718	5006	3205	331	3852
凉城	鸿茅	8997	1683	2728	142	2533
商都	奥淳	31427	6021	5493	384	687
玉泉区	3000 浦	9008	105	466	937	28
	草原红太阳	31213.98	1402.37	2384.98	594	521.66
新城区	维多利	94969	5003	1092	326	338
和林格尔经济开发区	蒙牛	4726551.35	250314.27	255372.18	27783	373011.24
和林格尔盛乐经济园区	宇航人及图	19089	1225	3019	426	1554
托克托县	金河	59979	6432	7439	1301	14.03

资料来源：由调研数据整理而成。

表 3-9　各旗县驰名商标商品所属类别统计表

类别	商标数量（件）	占商标总数的比重（%）	商品举例
1	3	4.76	化学品、活性炭
4	1	1.59	煤炭
5	6	9.52	医用品、农药、生物工程
6	2	3.17	金融、矿石
7	1	1.59	饮食服务
11	1	1.59	暖气片
12	1	1.59	卡车、汽车、大客车
16	1	1.59	巴林石
19	1	1.59	建筑材料
25	8	12.7	服装
29	16	25.4	肉制品、奶制品、牛肉、鱼片、香肠、鱼制食品、肉
30	8	12.7	农业、食品
32	1	1.59	葡萄酒
33	8	12.7	白酒
35	2	3.17	商业经营
39	1	1.59	运输
43	2	3.17	餐厅、饭店

资料来源：由调查问卷整理后得出。

从表 3-9 中可以看出，第 29 类、第 30 类、第 25 类及第 5 类商标商品无论是在商标数量还是在驰名商标总数中所占的比重均较高。尤其是第 29 类商标其商标数量在所有类别商标中数量最多，为 16 件，占比达到 25.4%，紧随其后的是第 30 类商标，其商标数量为 8 件，占比为 12.7%。而这两种类别的商标商品均以农牧产品为主（第 29 类包括肉、鱼、家禽及野味，肉汁、腌渍、干制及煮熟的水果和蔬菜，果冻、果酱、蜜饯，蛋、奶及乳制品，食用油和油脂。第 30 类包括咖啡、茶、可可、糖、米、食用淀粉、西米、咖啡代用品、面粉及谷类制品、面包、糕点及糖果、冰制食品、蜂蜜、糖浆、鲜酵母、发酵粉、食盐。下同），而这与内蒙古自治区拥有丰富的农牧业资源优势是相吻合的，也与自治区党委、政府大力实施商标品牌战略密不可分。

（四）内蒙古自治区著名商标总体情况

从内蒙古自治区认定第一件著名商标以来，截至 2014 年底，内蒙古自治区各旗县区共认定著名商标 650 件，分布在内蒙古自治区 12 个盟市的 93 个旗县区中，这些商标涵盖了谷类制品、畜产品、医疗服务、粮油、服装等 34 个类别的商品。2012～2014 年这些商品的销售或服务区域范围既包括区内市场、国内市场，同时也有很多著名商标品牌商品已经走向了国际市场。在所有的著名商标中，共有 36 件商标许可他人使用，占著名商标总数的 7.91%；共有 42 家企业被许可使用上述著名商标。随着著名商标数量的逐年增加，这些商标对其所在旗县区的经济发展也起到了非常重要的推动作用。

表 3-10　截至 2014 年底各旗县著名商标数量及其发展情况一览表

盟市	旗县	著名商标数量（件）	2014 年度总销售收入（万元）	2014 年度总税收（万元）	2014 年度总利润（万元）	2014 年度从业人员总量（人）	2014 年度广告费用（万元）
呼和浩特市	玉泉区	8	156230.82	15151.39	48947.47	3429	777.43
	赛罕区	8	22677088.28	287823.86	1377071.53	483	308.26
	清水河县	2	31123.1	1158.56	-54162	648	58.08
	回民区	13	179682.64	6796.64	17446.89	3696	882.14
	托克托县	3	44014.06	174.67	4612.42	184	125.28
	新城区	6	1813628.21	86308.46	325364.18	438	72964.54
	和林格尔县	8	4736198.35	250893.27	255798.18	28014	373394.24
	合计	48	29637965	648306.85	1975078.67	36892	448509.97
包头市	达茂区	2	5238	127	628	181	41.1
	东河区	18	256731.34	14238.5	12050.68	8042	2628.42
	固阳县	1	7200	7	380	38	26
	九原区	8	131465.36	5450.52	6081.37	2711	562.2
	昆都仑区	11	3207544.4	109690.68	53833.93	41783	2742.25
	青山区	15	494944.81	16261.22	29929.64	22827	1011.53
	土默特右旗	2	5571.65	104.57	367.16	139	17.59
	合计	57	4103123.91	145879.49	103270.78	75721	7029.09

续表

盟市	旗县	著名商标数量（件）	2014年度总销售收入（万元）	2014年度总税收（万元）	2014年度总利润（万元）	2014年度从业人员总量（人）	2014年度广告费用（万元）
呼伦贝尔市	阿荣旗	3	6025	1355.9	353.7	251	32.2
	陈巴尔虎旗	1	493	40	35	115	5.9
	新巴尔虎左旗	1	4850	139	86	61	14.8
	额尔古纳市	1	2213	159	479	58	15.7
	鄂伦春市	3	5621	725	373	356	19.6
	根河市	1	7787	1.03	373	430	3
	海拉尔区	8	38857.22	3135.42	3080.82	1469	432.27
	莫力达瓦达斡尔族自治旗	1	3194	6343	672	90	25
	牙克石市	4	8383	579	−529	476	28
	扎兰屯市	16	104374	5858.6	13333.2	3540	375.47
	满洲里市	2	39661	301	799	860	15
	合计	41	221458.22	18636.95	19055.72	7706	966.94
兴安盟	阿尔山市	1	62233	3775	1241	1062	12
	扎赉特旗	1	11200	6172900.13	2231.43	360	2030.5
	突泉县	5	19436.99	263.16	1374.55	550	97.11
	科右前旗	9	61235	2837.35	3007.2	1759	786.08
	科右中旗	4	22700	684	2934	440	193.2
	乌兰浩特市	11	213713.05	2523.43	5757.82	2107	763.98
	合计	31	390518.04	6182983.07	16546	6278	3882.87
通辽市	霍林郭勒市	2	9619.49	609.86	1215.57	247	346.94
	开鲁县	4	135779	2873	8266	1709	201.6
	科尔沁左翼后旗	3	11174.4	803.78	1361.4	61	86
	科尔沁左翼中旗	2	11960	159.2	550.4	436	110.8
	科尔沁区	17	234055.37	16777.83	27077.4	3404	9281.18
	库伦旗	3	76723	6934	12439	1098	520
	奈曼旗	8	39465.98	1218.29	3741.01	591	136.39
	扎鲁特旗	8	67468	1544.2	3467.8	923	447.85
	合计	47	586245.24	30920.16	58118.58	8469	11130.76

续表

盟市	旗县	著名商标数量（件）	2014年度总销售收入（万元）	2014年度总税收（万元）	2014年度总利润（万元）	2014年度从业人员总量（人）	2014年度广告费用（万元）
赤峰市	红山区	12	115528.08	16010.11	13946.55	3162	2383.4
	松山区	6	24469.5	1933.6	3068	518	436.1
	元宝山区	2	21250	899	3414	513	395
	巴林右旗	2	2483	886	129	156	56
	克什克腾旗	2	20372	550.63	2514.67	554	1146.1
	喀喇沁旗	1	1008	131	360	112	158
	宁城县	5	128791.73	3208.34	-2078.94	3676	1731.65
	敖汉旗	1	4145	207	44	182	296
	林西县	1	20635.21	2251.76	122	474	13
	合计	32	338682.5	26077.44	21519.28	9347	6615.25
锡林郭勒盟	东乌珠穆沁旗	4	32611	793.7	4245	792	84
	多伦县	1	1122	429	126	70	4
	二连浩特市	8	98463.22	1314	2431.78	824	75.1
	镶黄旗	1	7935.22	261	-1182.22	100	0
	苏尼特右旗	3	15870.88	170.5	588.63	219	269.2
	苏尼特左旗	1	7536	0.2	431	130	2
	太仆寺旗	5	72570	16594	8614	2138	412.5
	西乌珠穆沁旗	2	21288	1029.5	373.5	323	33.6
	锡林浩特市	11	75874.78	1204.68	5667.85	1116	265.9
	正蓝旗	2	2319.7	70.9	248.2	111	230.4
	正镶白旗	3	8424.9	23	601.6	218	69
	合计	41	344015.7	21890.48	22145.34	6041	1445.7
乌兰察布市	丰镇	3	2400	43	52	90	7.2
	后旗	1	8450	2610	438	195	76
	化德县	2	12568	858.49	1298	451	386
	集宁	3	15697	1712.5	3148	177	2965
	凉城	2	7707.2	814	1042.8	509	95
	商都	2	9560	11.25	729	200	8
	四子王旗	1	75	7	7	11	2
	兴和县	1	4531	16	379	40	3.85
	中旗	1	218	6.5	21.5		7
	卓资县	1	300679.69	2030.14	36839.55	834	16098.26
	合计	17	361885.89	8108.88	43954.85	2507	19648.31

盟市	旗县	著名商标数量（件）	2014年度总销售收入（万元）	2014年度总税收（万元）	2014年度总利润（万元）	2014年度从业人员总量（人）	2014年度广告费用（万元）
鄂尔多斯市	达拉特旗	7	22770.19	717.59	1451.33	827	189.41
	东胜区	20	2601373.86	153485.90	141311.7	10690	5322.67
	鄂托克旗	10	76268.57	4482.87	1948.75	1713	2715.53
	鄂托克前旗	1	600	30	130	33	6
	杭锦旗	1	5002.5	13.14	-771.24	24	3
	乌审旗	4	14882	70.12	2791.9	199	78.36
	伊金霍洛旗	3	1310.72	42.23	-6.02	95	26.44
	准格尔旗	6	14181.5	127.1	2156.6	445	229.1
	合计	52	2736389.3	158968.95	149013.02	14026	8570.51
巴彦淖尔市	磴口县	8	87290.45	2729.21	14177.42	1327	682.76
	杭锦后旗	15	107442.69	22012.04	11700.13	2583	5662.3
	临河区	10	72579.5	1699.43	3657.2	1019	282.8
	乌拉特前旗	8	96179.68	3686.88	-10794.29	1623	105.3
	乌拉特中旗	4	8521.78	1000.66	2143.23	133	2.5
	五原县	8	73872.7	1072.45	3661.76	1043	135.9
	合计	53	445886.8	32200.67	24545.45	7728	6871.56
乌海市	海勃湾区	14	264898.8	28224.02	-29683.97	4691	1796.6
	海南区	3	254917.24	13387	37683.54	3178	13.69
	乌达区	4	3149.24	170.48	-32.23	190	38.75
	合计	21	522965.28	41781.5	7967.34	8059	1849.04
阿拉善盟	阿拉善左旗	13	188738.22	7607.96	1239.58	6507	1026.1
	阿拉善右旗	1	14.79	4.63	-18	6	0.6
	额济纳旗	1	600	43	380	62	60
	合计	15	189353.01	7655.59	1601.58	6573	1086.7

资料来源：由调研资料整理而成。

表3-11　各旗县著名商标类别统计表

类别	商标数量（件）	占商标总数的比重（%）	商标举例
1	14	3.66	秀林、兰山、亿利资源、天湖
3	3	0.79	爱丽雅
4	2	0.52	满世

类别	商标数量（件）	占商标总数的比重（%）	商标举例
5	10	2.62	奇特、北风、宏魁、利群
6	8	2.09	光泰、千里山
7	11	2.88	牧喜、王老大、鹿牌、正翔
8	1	0.26	蒙亮
9	3	0.79	隆圣、飞天
11	2	0.52	皆佳
12	4	1.05	内压
14	4	1.05	狮城天骄
16	3	0.79	飞悦、多芳
17	4	1.05	安澜、贝伦
19	16	4.19	蒙高、泰高、根河
20	3	0.79	明珠
21	2	0.52	泉众
22	1	0.26	蒙骄绒
24	3	0.79	香泰、贺兰山
25	20	5.24	东黎、雪原、成吉
27	1	0.26	联众贝尔
29	83	21.73	食乐康、独伊佳、大牧场那牧尔、达里湖
30	62	16.23	多维尔、维连、母亲湖
31	28	7.33	大中、诺敏、吴罡果蔬
32	13	3.40	罕露、蓝莓乡、水域山
33	45	11.78	乾御兴、保龙山、套马杆
35	6	1.57	包百、谦顺
36	4	1.05	淖尔河
37	2	0.52	鑫安建筑
39	4	1.05	阿尔善
40	1	0.26	纳顺
41	5	1.31	春晖、秦直道
42	1	0.26	蓝梦
43	11	2.88	蒙祥原、巴音孟克、大福林
44	2	0.52	朝聚

资料来源：由调查问卷整理后得出。

与各旗县驰名商标的情况相仿，在按类别统计的各旗县著名商标中，第 29 类和第 30 类商标的数量仍然是独占整头。其中第 29 类商标共有 83 件，占 21.73%，第 30 类商标的数量为 62 件，占 16.23%。这也再次证明在今后的商标注册中应继续利用内蒙古自治区所具有的丰富农牧业资源优势，打造更强势的农牧业商标品牌，大力实施商标品牌战略，促进县域经济更好更快发展。

（五）知名商标总体情况

从内蒙古自治区第一件旗县知名商标认定开始至 2014 年，内蒙古自治区各旗县共认定 1167 件知名商标，涵盖 11 个盟市的 87 个旗县区，这些商标共包括农产品、化肥、医疗服务、餐饮、纺织、食品、服装、房地产、饮用水等 37 个类别的商品。2012~2014 年商品销售或服务区域范围不仅由自治区走向国内各个城市，同时也开始向欧洲、美国、日本等国际市场进军。在所有的知名商标中有 74 件商标许可他人使用，占总数的 11.38%；共有 1711 家企业被许可使用上述商标。知名商标的认定和使用为其所在旗县区经济发展起到了一定的推动作用。

表 3 - 12   截至 2014 年底各旗县知名商标及其发展情况

盟市	旗县	商标数量（件）	2014 年度总销售收入（万元）	2014 年度总税收（万元）	2014 年度总利润（万元）	2014 年度从业人员（人）	2014 年度广告费用（万元）
呼和浩特市	赛罕区	17	19383827.57	67799.62	1321126.05	2637	876.92
	和林格尔县	3	4600	219	91.8	145	79
	清水河县	6	35838.74	1202.73	-5800.2	656	60.68
	回民区	11	73890.5	1919.5	503.7	4390	25.5
	托克托县	6	44014.06	174.67	4612.42	184	125.28
	新城区	16	10099448	576528.72	30624.17	2641	17564.98
	玉泉区	20	3522568.48	237310.54	109219.69	4419	100934.7
包头市	达茂区	8	79412.19	1134.75	3453.38	549	193.67
	东河区	20	143779.54	5721.28	9831.02	4999	1554.42
	固阳县	2	7276.38	7	389.57	47	26.15
	九原区	10	199174.51	9487.03	2727.57	4520	5219.2
	昆都仑区	18	183615.19	4035.8	8500.25	2760	543.96
	青山区	26	583972.23	226577.12	28815.09	20059	61207.3
	土默特右旗	11	420284.5	18409.2	7222.85	1335	189.8

续表

盟市	旗县	商标数量（件）	2014年度总销售收入（万元）	2014年度总税收（万元）	2014年度总利润（万元）	2014年度从业人员（人）	2014年度广告费用（万元）
呼伦贝尔市	阿荣旗	7	31242.1	1374.29	3784.7	669	98.1
	陈巴尔虎旗	4	710.97	64.18	136.54	73	24.75
	新巴尔虎左旗	1	410	8.4	153	15	10
	额尔古纳市	1	236	65	37	36	8.5
	鄂伦春市	7	10737	1046.9	565.8	644	70.6
	鄂温克族自治旗	1	12057	582	2247		80
	根河市	1	4527	114	1027	172	4.7
	海拉尔区	16	30781.37	2895.54	1953.32	1139	425.92
	莫力达瓦达斡尔族自治旗	3	1439	17	348	69	16.5
	牙克石市	2	929	107	-55	180	34
	扎兰屯市	13	83848	4878.2	11891.2	2149	423.59
	满洲里市	1	280	5.6	42	20	2
通辽市	霍林郭勒市	3	1370	18.37	540	541	8
	开鲁县	9	183234	4226.6	9594	3186	317.3
	科尔沁左翼后旗	7	49770.4	491.98	5612.4	1260	104.4
	科尔沁左翼中旗	2	27284	211.2	681.4	356	69.4
	通辽市科尔沁区	26	227086.87	10735.05	27277.13	7398	916.98
	库伦旗	3	71060	6886	11862	834	70.2
	奈曼旗	10	29537.8	4774.55	3232.16	470	134.36
	扎鲁特旗	11	63493.5	2575.7	3429.3	1039	506.2
赤峰市	红山区	25	101797.06	16016.48	11916.52	4238	998.64
	松山区	12	37199.5	2431.8	3799	839	881
	元宝山区	10	44284.25	673	2663.64	617	62.59
	阿鲁科尔沁旗	4	7166	165	657.9	178	92.7
	巴林右旗	3	2180	46.5	301	130	22
	林西县	3	4994.6	19.2	845.1	164	22.5
	克什克腾旗	13	139070.32	1176.83	-20897.6	1864	272.7
	翁牛特旗	1	1008	131	360	112	158
	喀喇沁旗	12	106851.46	7016.36	14778.06	2131	595.41
	宁城县	13	145542.84	1124.19	1608.16	4049	1103.48
	敖汉旗	1	1000	免税	20	10	2

盟市	旗县	商标数量（件）	2014 年度总销售收入（万元）	2014 年度总税收（万元）	2014 年度总利润（万元）	2014 年度从业人员（人）	2014 年度广告费用（万元）
锡林郭勒盟	阿巴嘎旗	1	372.54	10.14	13.22	20	3.01
	东乌珠穆沁旗	4	52343	311.7	4180	750	68
	多伦县	2	643	26.5	87	34	2.5
	二连浩特市	5	15637.46	366.8	652.74	181	23.01
	黄旗	2	8200	0	440	66	6
	苏尼特右旗	3	3442	22.5	363	116	9.87
	苏尼特左旗	3	653.8	33.51	103.78	112	4.8
	太仆寺旗	3	242.5	1.9	26.52	29	2.78
	西乌珠穆沁旗	3	731	36.91	310.15	26	8.8
	正蓝旗	4	4182	110.3	159.8	193	162.5
	正镶白旗	4	4826.33	8	2602.2	989	6
乌兰察布市	丰镇	1	980	31	180	71	21
	后旗	2	7535	0	4	42	10.4
	化德县	5	2371	19	198	268	25
	集宁	3	2463.8	3.6	110.83	133	33
	凉城	2	7000	45.5	435	58	447
	前旗	1	1700	4	18	50	3
	商都	1	5115.37	677.5461	677.5461	53	18
	四子王旗	2	9847.63	2.4	1516.81	259	72
	中旗	1	380	10	2	30	28
	卓资县	7	3289.7	16538.5	576	295	15
鄂尔多斯市	达拉特旗	9	29229.65	618.57	−5673.28	1330	206.09
	东胜区	44	12551.68	325.9	1690.71	212	85.84
	鄂托克旗	4	6844	250.05	658	171	347
	鄂托克前旗	4	923	30	177.6	56	14
	杭锦旗	5	8789.5	28.74	−382.44	98	142.75
	鄂尔多斯市康巴什新区	3	30300	433	5029	151	90
	鄂托克旗（棋盘井）	5	128564.65	530.13	8713.14	294	21.1
	乌审旗	10	16515.15	195.29	3129.04	477	104.96
	伊金霍洛旗	7	1493.72	194.49	27.55	128	37.74
	准格尔旗	13	1094448.85	256950.74	209581.5	9574	577.55

盟市	旗县	商标数量（件）	2014年度总销售收入（万元）	2014年度总税收（万元）	2014年度总利润（万元）	2014年度从业人员（人）	2014年度广告费用（万元）
巴彦淖尔市	磴口县	12	97560.72	3013.39	17165.6	6060	666.28
	杭锦后旗	13	19256.4	275.06	1556.12	419	148.4
	临河区	20	105745.24	1707.77	8511.35	1966	267.9
	乌拉特后旗	4	5151	138.8	369	116	3
	乌拉特前旗	10	5209	99.728	−1680.29	1852	22.53
	乌拉特中旗	2	925	14	260	30	7
	五原县	11	23286.22	291.75	2120.51	650	180.93
乌海市	海勃湾区	4	1714550.93	48931.7	111709.24	3934	30076.52
阿拉善盟	阿拉善右旗	1	14.79	4.63	−18	6	0.6
	阿拉善左旗	6	85752.21	2918.08	4333.86	3602	308.5

资料来源：由调研资料整理而成。

表3-13　各旗县知名商标类别统计表

类别	商标数量（件）	占商标总数的比重（%）	商标名称举例
1	17	2.81	丹路、君正化工
2	1	0.17	蒂祥
3	2	0.33	红卫
4	3	0.5	神华准能
5	11	1.82	北风、丹龙
6	5	0.83	金源集团
7	9	1.49	王老大、何老大
9	6	0.99	特弘众普、隆盛
11	8	1.32	德田、飞洁
12	2	0.33	北方创业、北实
13	1	0.17	蒙康
14	4	0.66	乾坤
16	5	0.83	海峰、多芳
17	8	1.32	贝伦
18	1	0.17	格日勒皮艺
19	21	3.48	哈河、天皓、建龙
20	6	0.99	乌兰沟、百典居家

类别	商标数量（件）	占商标总数的比重（%）	商标名称举例
22	2	0.33	牧星
23	1	0.17	美稷
24	3	0.5	北晨
25	37	6.13	凯兰、塞奴、雪原、健邦、牧尔金斯、蒙富泰
29	117	19.37	广荣、泰羊、寿星乐、蒙牧都、克一河、特尼河、肉金子
30	91	15.07	干哥俩、麦香村烧麦、海鹏、内农、田也
31	58	9.6	松州、大中、丰田、蒙龙
32	15	2.48	莲露、龙山湾、伊佰
33	61	10.1	草原汇香、原野牧歌、裕井、哈撒尔王
35	31	5.13	商海、旺香婷、创旭
36	5	0.83	天骏万骐
37	5	0.83	聚能
39	9	1.49	腾格里达来月亮湖
40	5	0.83	神绒
41	6	0.99	司宙、鄂尔多斯市企业家俱乐部
42	10	1.66	蓝梦、华绅
43	32	5.3	茗满香、石子华八块香鸡苑
44	4	0.66	张安凤
45	2	0.33	昌盛

资料来源：由调查问卷整理后得出。

从表 3 - 12 可以发现，以农牧业产品为主的第 29 类和第 30 类商标在内蒙古自治区各旗县知名商标中的占有绝对的优势，其中第 29 类商标共有 117 件，占知名商标总数的 19.37%，第 30 类商标共有 91 件，占知名商标总数的 15.07%。上述情况足以表明在内蒙古自治区各旗县未来的商标注册工作中，农牧产品商标的注册将是非常重要的一环，同时在县域经济发展中此类商标将发挥越来越重要的作用。

二、2014 年内蒙古自治区商标申请和注册稳步增长

2014 年自治区各类市场主体向国家工商总局商标局提出的商标注册申请共

17445 件，经核准注册的商标共 9540 件。截至 2014 年底，内蒙古自治区累计有效注册商标共计 64081 件，同 2013 年同期（56746 件）相比增加 7335 件，增幅 12.93%。新增中国驰名商标 11 件、地理标志证明（集体）商标 5 件、内蒙古自治区著名商标 126 件、盟市知名商标 74 件。目前，内蒙古自治区共有驰名商标 74 件、地理标志证明（集体）商标 32 件、著名商标 650 件、知名商标 1167 件，与 2013 年同期相比分别增长 17.46%、18.52%、19.93%、6.77%。在商标境外注册方面，马德里商标国际注册 73 件。

（一）2014 年内蒙古自治区各盟市商标申请和注册情况

2014 年全自治区范围内申请商标数量最多的地区是呼和浩特市，占内蒙古自治区总申请量的 26.3%。其次是包头市、赤峰市和鄂尔多斯市，分别为 16.5%、12.2% 和 10.9%。乌海市和阿拉善盟的商标申请数量较少，分别占内蒙古自治区总申请量的 1.2% 和 1.4%。

表 3 – 14　2014 年内蒙古自治区各盟市商标申请数和注册数统计表

单位：件

区域	申请数	注册数
呼和浩特市	4586	2598
包头市	2877	1514
呼伦贝尔市	1488	670
兴安盟	540	339
通辽市	949	650
赤峰市	2133	1150
锡林郭勒盟	759	327
乌兰察布市	793	397
鄂尔多斯市	1899	991
巴彦淖尔市	971	622
乌海市	209	140
阿拉善盟	241	142

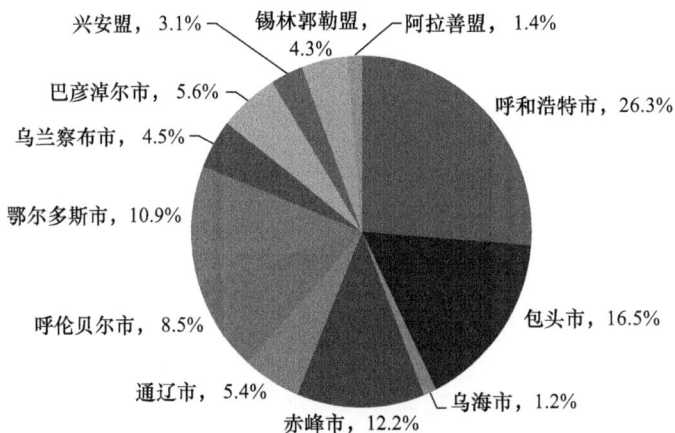

图 3-7　2014 年内蒙古自治区各盟市商标申请数量占全区申请总量的比值

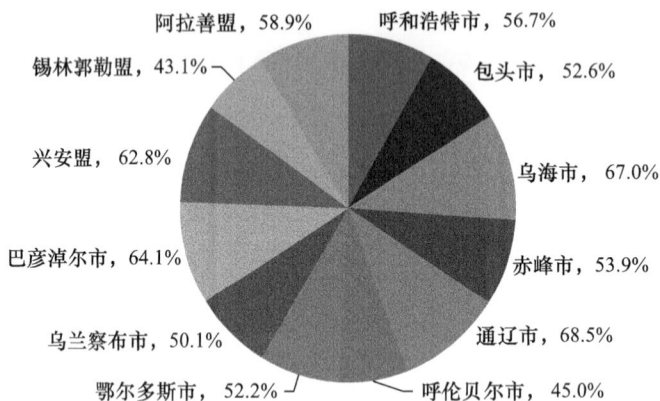

图 3-8　内蒙古自治区各盟市 2014 年商标有效注册率

有效注册方面，乌海市商标注册数量占其商标申请数量的比值是 67.0%，是内蒙古自治区各盟市有效注册率最高的盟市。相比较而言，商标有效注册率低于 50% 也有两个盟市，在今后商标的培育发展和注册工作中，还应该继续加大力度，加强管理，提高商标的有效注册率。

2014 年，呼和浩特市的商标注册数量占内蒙古自治区商标注册总量的 27.2%，居于全区首位，对内蒙古自治区商标战略的发展做出了重要贡献；其次是包头市、赤峰市和鄂尔多斯市，比率均超过 10%；商标注册量最少的是阿拉善盟和乌海市，仅占全区注册商标总量的 1.5%。

(%)

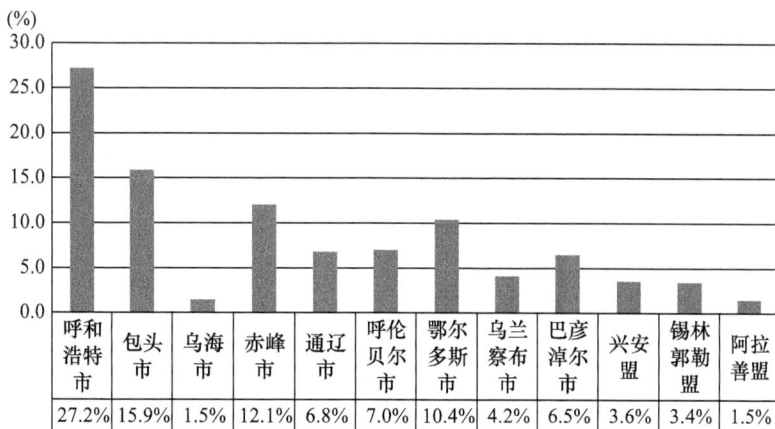

	呼和浩特市	包头市	乌海市	赤峰市	通辽市	呼伦贝尔市	鄂尔多斯市	乌兰察布市	巴彦淖尔市	兴安盟	锡林郭勒盟	阿拉善盟
	27.2%	15.9%	1.5%	12.1%	6.8%	7.0%	10.4%	4.2%	6.5%	3.6%	3.4%	1.5%

图 3-9 内蒙古自治区各盟市 2014 年商标注册数量占全区总注册数量的比值

（二）2014 年内蒙古自治区商标申请和注册呈现的特点

从内蒙古自治区 2014 年申请和注册商标的情况来看，呈现出以下几个特点：一是注册门类齐全，商标所涉及的行业结构不断优化。商标覆盖农业、工业、服务业三大产业。商品商标注册以轻工、化工、食品、机械制造为主，服务商标的申请呈现出由广告、餐饮、房屋建筑等领域向金融、医疗、教育、科学技术服务等更高层次领域发展的趋势。二是民族地域特色文化产业商标注册情况良好。随着内蒙古自治区经济的不断发展进步，各级工商机关更加注重文化产业的商标服务工作，在向相关企业普及商标知识的同时，积极引导其在产品或服务上注册商标，以提高产品或服务的显著性和知名度，进而为其开拓市场打出"品牌效应"。三是工业企业注册商标积极性较高。

三、2014 年驰名商标、著名商标培育和认定基本情况

（一）驰名商标培育和认定情况

内蒙古自治区各级工商机关通过推行"四书一卡"、"一所一标"、"一乡一品"和"公司（合作社、协会）＋商标（地理标志）＋农户"的模式，深入辖区企业开展商标行政指导，重点加强对地方支柱产业、特色产业、农畜产品产业和龙头企业的帮扶指导，进一步规范驰名、著名、知名商标的申报认定程序，积极开展知名、著名商标的认定和驰名商标推荐、地理标志商标的申报注册工作，

知名、著名、驰名商标三大梯次方阵初步建立。

2014 年，内蒙古自治区向国家工商总局商标局申报推荐了"东方万旗"、"兰山"、"达里湖及图"、"皆佳"、"大牧场"等 11 件商标，请求认定为中国驰名商标，并于 2015 年获得认定。

表 3 - 15　2014 年内蒙古自治区各盟市驰名商标认定数量

单位：件

区域	驰名商标
呼和浩特市	1
包头市	2
呼伦贝尔市	1
兴安盟	0
通辽市	1
赤峰市	4
锡林郭勒盟	0
乌兰察布市	1
鄂尔多斯市	0
巴彦淖尔市	0
乌海市	0
阿拉善盟	1

表 3 - 16　2014 年内蒙古自治区各盟市认定的驰名商标明细

序号	地区	驰名商标持有人	认定商标	类别	商品/服务
1	呼和浩特市	内蒙古伊利实业集团股份有限公司	QQ星	29 类	奶粉、酸奶、奶酪
2	包头市	包头西蒙皮业服饰有限公司	蒙伦达克	25 类	鞋、手套、腰带
3	包头市	三主粮集团股份公司	三主粮	30 类	去壳燕麦、面粉制品、蜂蜜
4	呼伦贝尔市	呼伦贝尔市乐佳散热器制造有限公司	皆佳	11 类	暖气片、中心暖气散热器、水暖装置用管子零件

序号	地区	驰名商标持有人	认定商标	类别	商品/服务
5	通辽市	内蒙古罕山食品集团有限公司		29类	肉干、肉、香肠
6	赤峰市	陈士庆（内蒙古独伊佳食品有限公司董事长）		29类	肉干、肉
7	赤峰市	内蒙古东方万旗肉牛产业有限公司		29类	牛肉
8	赤峰市	克什克腾旗达来诺日渔场		29类	鱼（非活的）、鱼制食品、鱼片
9	赤峰市	内蒙古大牧场牧业（集团）有限责任公司		29类	肉
10	乌兰察布市	乌兰察布市集宁区鹏亚皮件有限责任公司		25类	皮服装
11	阿拉善盟	内蒙古太西煤集团股份有限公司		1类	活性炭

截至 2014 年末，内蒙古自治区各盟市被成功认定的驰名商标数量共 74 件，各盟市所认定的驰名商标数量具体见表 3 - 17。

表 3 - 17　截至 2014 年底内蒙古自治区驰名商标名录

序号	地区	驰名商标持有人	认定商标	类别	商品/服务
1	呼和浩特市	内蒙古仕奇实业股份有限公司		25类	西装
2	呼和浩特市	内蒙古伊利实业集团股份有限公司		30类	冷饮

续表

序号	地区	驰名商标持有人	认定商标	类别	商品/服务
3	呼和浩特市	内蒙古蒙牛乳业股份有限公司	蒙牛	29 类	乳制品
4	呼和浩特市	内蒙古伊利实业集团股份有限公司	伊利	29 类	牛奶制品等
5	呼和浩特市	内蒙古宇航人高技术产业有限责任公司	宇航人	5 类	医用营养品等
6	呼和浩特市	呼和浩特昭君羊绒制品有限公司	兆君	25 类	羊绒衫等
7	呼和浩特市	金河生物科技股份有限公司	金河	5 类	医用饲料添加剂、兽医用药、兽医用微生物制剂等
8	呼和浩特市	内蒙古大唐药业有限公司		5 类	中药成药、生化药品等
9	呼和浩特市	内蒙古伊利实业集团股份有限公司	优酸	29 类	牛奶饮料（以牛奶为主）等
10	呼和浩特市	内蒙古蒙牛乳业（集团）股份有限公司		29 类	牛奶、酸奶等
11	呼和浩特市	内蒙古维多利商业（集团）有限公司	WeiDuoLi	35 类	认定驰名商标项目：推销（替他人）
12	呼和浩特市	内蒙古蒙牛乳业（集团）股份有限公司	特仑苏	29 类	认定驰名商标项目：牛奶、牛奶制品
13	呼和浩特市	内蒙古蒙牛乳业（集团）股份有限公司	未来星	29 类	认定驰名商标项目：牛奶、牛奶制品

续表

序号	地区	驰名商标持有人	认定商标	类别	商品/服务
14	呼和浩特市	内蒙古红太阳食品有限公司	草原红太阳	30类	认定驰名商标项目：调味品
15	呼和浩特市	内蒙古三千浦餐饮连锁有限责任公司	3000浦	43类	认定驰名商标项目：备办宴席、餐馆、饭店
16	呼和浩特市	内蒙古民族商场有限责任公司	民族	35类	认定驰名商标项目：推销（替他人）
17	呼和浩特市	内蒙古伊利实业集团股份有限公司	QQ星	29类	奶粉、酸奶、奶酪
18	包头市	内蒙古鹿王羊绒（集团）公司	鹿王 King Deer	25类	羊绒衫
19	包头市	包头华资实业股份有限公司	华蒙 蒙蒙	30类	糖
20	包头市	内蒙古小肥羊餐饮连锁有限公司	小肥羊 LITTLE SHEEP	43类	餐饮、饭店
21	包头市	内蒙古吉泰铝业有限公司	泰字	6类	铝、铝锭等
22	包头市	内蒙古包钢稀土高科技股份有限责任公司	白云 RE 鄂博	1类	稀土族、金属土等
23	包头市	内蒙古北方重工工业集团有限公司	北方重工	7类	离心球墨铸铁管模、液压、支架、掘进机等
24	包头市	包头北奔重型汽车有限公司	北奔	12类	卡车、汽车、大客车等

续表

序号	地区	驰名商标持有人	认定商标	类别	商品/服务
25	包头市	包头华美稀土高科有限公司		1类	稀土等
26	包头市	内蒙古第一机械集团有限公司		12类	铁路车辆等
27	包头市	内蒙古鹿王羊绒有限公司		25类	认定驰名商标项目：服装
28	包头市	包头西蒙皮业服饰有限公司		25类	鞋、手套、腰带
29	包头市	三主粮集团股份公司		30类	去壳燕麦、面粉制品、蜂蜜
30	呼伦贝尔市	内蒙古宏裕农药股份有限公司		5类	除草剂、杀虫剂
31	呼伦贝尔市	呼伦贝尔松鹿制药有限公司		5类	认定驰名商标项目：中西成药
32	呼伦贝尔市	呼伦贝尔市乐佳散热器制造有限公司		11类	暖气片、中心暖气散热器、水暖装置用管子零件
33	兴安盟	内蒙古二龙屯有机农业有限责任公司额木庭高勒苏木绿色无公害谷子生产协会		30类	认定驰名商标项目：小米、谷类制品
34	通辽市	内蒙古新三维国际经济技术合作股份有限公司		29类	加工过的肉

序号	地区	驰名商标持有人	认定商标	类别	商品/服务
35	通辽市	内蒙古宇标食品有限责任公司	宇标	29 类	鹅肉制品等
36	通辽市	内蒙古清谷新禾有机食品有限责任公司	清谷新禾 PURE FRESH FARM	29 类	食用油、精制坚果仁、干食用菌等
37	通辽市	内蒙古蒙药股份有限公司	蒙王	5 类	蒙药等
38	通辽市	内蒙古蒙古王实业股份有限公司	蒙古王®	33 类	白酒等
39	通辽市	内蒙古锦秀木业有限责任公司	锦秀家园	19 类	胶合板、木地板等
40	通辽市	内蒙古谷道粮原农产品有限责任公司	谷道粮原	30 类	谷类制品等
41	通辽市	通辽市大林型砂有限公司	DALIN	6 类	认定驰名商标项目：水选砂
42	通辽市	内蒙古蒙古王实业股份有限公司	王	33 类	认定驰名商标项目：白酒（饮料）、烧酒
43	通辽市	内蒙古清谷新禾有机食品集团有限责任公司	清谷新禾 PURE FRESH FARM	30 类	认定驰名商标项目：谷类制品、谷物片、麦片
44	通辽市	内蒙古罕山食品集团有限公司	罕山	29 类	肉干、肉、香肠
45	赤峰市	内蒙古草原兴发股份有限公司	草原兴发	29 类	肉制品

序号	地区	驰名商标持有人	认定商标	类别	商品/服务
46	赤峰市	内蒙古塞飞亚集团有限责任公司		29 类	鸭肉
47	赤峰市	巴林石协会		16 类	印章（印）、印台（文具）
48	赤峰市	内蒙古顺鑫宁城老窖酒业有限公司		33 类	白酒等
49	赤峰市	内蒙古蒙都羊业食品有限公司		29 类	肉、肉片等
50	赤峰市	内蒙古塞飞亚农业科技发展股份有限公司		29 类	认定驰名商标项目：鸭肉
51	赤峰市	内蒙古健元鹿业有限责任公司		30 类	认定驰名商标项目：非医用营养液、非医用营养粉、非医用营养胶囊
52	赤峰市	陈士庆（内蒙古独伊佳食品有限公司董事长）		29 类	肉干、肉
53	赤峰市	内蒙古东方万旗肉牛产业有限公司		29 类	牛肉
54	赤峰市	克什克腾旗达来诺日渔场		29 类	鱼（非活的）、鱼制食品、鱼片
55	赤峰市	内蒙古大牧场牧业（集团）有限责任公司		29 类	肉

续表

序号	地区	驰名商标持有人	认定商标	类别	商品/服务
56	锡林郭勒盟	贺功礼	红井源	29 类	认定驰名商标项目：食用胡麻油
57	乌兰察布市	内蒙古鸿茅实业股份有限公司、内蒙古鸿茅酒业有限公司	鸿茅	5 类	药酒等
58	乌兰察布市	内蒙古奥淳酒业集团有限公司	奥淳 A	33 类	白酒等
59	乌兰察布市	乌兰察布市集宁区鹏亚皮件有限责任公司	鹏亚	25 类	皮服装
60	鄂尔多斯市	内蒙古鄂尔多斯羊绒制品股份有限公司	Erdos 鄂尔多斯	25 类	服装
61	鄂尔多斯市	内蒙古远兴天然碱股份有限公司	远兴	1 类	纯碱、烧碱
62	鄂尔多斯市	内蒙古伊泰集团有限公司	伊泰	4 类	煤炭
63	鄂尔多斯市	内蒙古鄂尔多斯酒业集团有限公司	鄂尔多斯	33 类	白酒等
64	鄂尔多斯市	鄂尔多斯市响沙酒业有限责任公司	响沙	33 类	白酒等
65	鄂尔多斯市	鄂尔多斯市天骄资源发展有限责任公司	天骄	30 类	认定驰名商标项目：醋、酱油
66	鄂尔多斯市	内蒙古东达羊绒制品有限公司	东达蒙古王	25 类	认定驰名商标项目：服装、披肩

序号	地区	驰名商标持有人	认定商标	类别	商品/服务
67	巴彦淖尔市	内蒙古恒丰食品工业（集团）股份有限公司		30类	面粉
68	巴彦淖尔市	内蒙古河套酒业集团股份有限公司		33类	酒
69	巴彦淖尔市	维信（内蒙古）羊绒股份有限公司		25类	羊绒衫
70	巴彦淖尔市	内蒙古巴运汽车运输有限责任公司		39类	旅客运输、货运等
71	巴彦淖尔市	内蒙古河套酒业集团股份有限公司		33类	白酒等
72	巴彦淖尔市	内蒙古富川饲料科技股份有限公司		31类	饲料等
73	乌海市	内蒙古汉森酒业有限公司		32类	红酒等
74	阿拉善盟	内蒙古太西煤集团股份有限公司		1类	活性炭

表3-18 内蒙古自治区各盟市驰名商标数量

单位：件

区域	驰名商标
呼和浩特市	17
包头市	12
呼伦贝尔市	3

区域	驰名商标
兴安盟	1
通辽市	11
赤峰市	11
锡林郭勒盟	1
乌兰察布市	3
鄂尔多斯市	7
巴彦淖尔市	6
乌海市	1
阿拉善盟	1

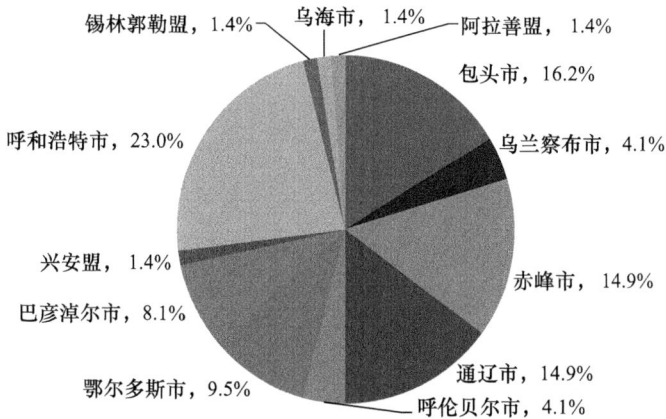

图3-10 各盟市驰名商标总数占全区驰名商标总数的比值

截至2014年底，内蒙古自治区各盟市拥有驰名商标数量最多的是呼和浩特市，占内蒙古自治区驰名商标总量的23.0%，位居第一；其次是包头市，分别占内蒙古自治区驰名商标总量的16.2%，位居第二；赤峰市和通辽市分别占内蒙古自治区驰名商标总量的14.9%。

（二）著名商标认定情况

自2004年《内蒙古自治区著名商标认定和保护办法》颁布实施以来，截至2014年12月，自治区著名商标已达650件，本年度新认定著名商标126件。被认定的著名商标企业基本是在行业或地区有独特的成功经营经验、持续稳定的市场占有率和非常好的经济效益，得到广大消费者、产品使用者高度认可和广泛好评的市场主体。同时，著名商标认定工作的开展，也对助推传统产业现代化、新型产业规模化、支柱产业多元化起了积极作用，对加快农牧业产业化进程、增加农牧民收入、促进农畜产品生产加工输出基地的建设做出了应有的贡献。

自治区工商局以新《中华人民共和国商标法》实施为有利契机，在总结历年著名商标认定工作经验和学习借鉴其他省区市著名商标认定工作的基础上，2014年继续下放著名商标认定申请受理权和申请材料初审权，严格按照规范程序和审核标准开展著名商标审查认定工作。

与往年相比，2014年的初审工作呈现出五个特点：一是增加了对盟市初审工作的抽查。共抽查14个盟市、64件商标申请材料，抽查比例达34%。二是按照《内蒙古自治区著名商标认定和保护办法》及《著名商标认定委员会评审规则》，对自治区著名商标认定委员会委员进行了增选。在原专家评委库的基础上，又增加了与内蒙古自治区"8337"发展思路中清洁能源、煤化工、有色金属和现代装备、绿色农畜产品、旅游观光休闲度假、农牧业、林业等重点发展行业相关部门的专家、学者、行业负责人，使著名商标认定委员会进一步完善为涵盖政府部门、行业协会、高等院校，涉及法律、经济、科技、农牧业、旅游业等各行业专家学者的认定委员会，保证了著名商标认定工作的公平、公正及科学、合理。三是推荐上报的数量有所增加，范围明显扩大。申请数量比2013年增长8%，申请范围涉及工业、农业、服务业、化工、资源、食品、建筑、医疗、教育、农林牧渔、羊绒、广告等12个行业、33个类别。其中，商品商标152件，占申请总数的80%；服务商标37件，占申请总数的20%。农畜产品商标比重最大，提出申请117件，占此次申请总数的62%。四是申请范围、类别都有所扩大和增加，申请企业的规模和质量有所提高。商品类商标中新增了翠玉饰品（14类）、清洁器（31类）等以往少见的类别；服务类商标中整体注册基数较低的教育培训、地质勘探、庭院设计、中介服务等行业，申请著名商标意识逐渐加强；申请商标年销售额在亿元以上的34件，占申报总额的18%。五是对上报申请商标按类别进行梳理，进一步保证了审查结果的公平公正。在相同类别中按申请认定商标所指产品或服务销售区域、三年各项经济指标、行业排名等方面规模大小进行排序比对，遴选出同行业同类别中最优秀的企业和最优质的商标进行初审公告，保证了审查结果的公开、公平、公正。

表3-19　内蒙古自治区著名品牌企业一览表

企业名称	所属盟市
赤峰松鹤调味品有限责任公司	赤峰市

企业名称	所属盟市
赤峰多维尔生物工程有限公司	赤峰市
赤峰东黎绒毛制品有限公司	赤峰市
赤峰市大中高科技饲料有限公司	赤峰市
内蒙古天奇中蒙制药股份有限公司	赤峰市
赤峰雪原绒业发展有限公司	赤峰市
赤峰市红山区司宙作文辅导学校	赤峰市
内蒙古独伊佳食品有限公司	赤峰市
赤峰春晖文化传媒有限责任公司	赤峰市
赤峰市瓜子张食品有限责任公司	赤峰市
赤峰市丰田科技种业有限责任公司	赤峰市
赤峰市农业科学研究所种子公司	赤峰市
赤峰绿洲商贸有限责任公司	赤峰市
赤峰博恩药业有限公司	赤峰市
赤峰市松山区保龙山元贞农产品开发农民专业合作社	赤峰市
内蒙古帅旗生物科技股份有限公司	赤峰市
内蒙古蒙酒酒业有限公司	赤峰市
内蒙古大牧场牧业集团有限责任公司	赤峰市
赤峰爱丽雅涂料有限责任公司	赤峰市
阿鲁科尔沁旗那牧尔民族食品有限责任公司	赤峰市
巴林右旗罕露矿泉水有限责任公司	赤峰市
林西冷山糖业有限公司	赤峰市
克什克腾旗达来诺日渔场	赤峰市
内蒙古禾丰有机农产品有限责任公司	赤峰市
内蒙古弘坤蒙野酒业有限责任公司	赤峰市
内蒙古塞飞亚科技发展股份有限公司	赤峰市
内蒙古八里罕酒业有限公司	赤峰市
宁城元力保健酒业有限公司	赤峰市
内蒙古沙漠之花生态科技有限公司	赤峰市
东乌珠穆沁旗草原东方肉业有限公司	锡林郭勒盟
东乌珠穆沁旗草原泰羊肉业有限公司	锡林郭勒盟
锡林郭勒盟额吉淖尔盐场	锡林郭勒盟

企业名称	所属盟市
东乌珠穆沁旗蒙源肉业有限公司	锡林郭勒盟
内蒙古滦源酒业有限责任公司	锡林郭勒盟
二连浩特市昊罡果蔬粮油进出口园区有限责任公司	锡林郭勒盟
内蒙古茂源国际绒业有限公司	锡林郭勒盟
二连市昌盛冷库有限责任公司	锡林郭勒盟
二连浩特市兴茂贸易有限责任公司	锡林郭勒盟
二连浩特市怡美纸业有限公司	锡林郭勒盟
二连浩特市蒙高水泥有限公司	锡林郭勒盟
二连浩特市北江食品工贸有限责任公司	锡林郭勒盟
二连浩特市泰高水泥有限公司	锡林郭勒盟
镶黄旗鸿格尔牧业发展有限公司	锡林郭勒盟
苏尼特右旗宏达绒毛有限责任公司	锡林郭勒盟
苏尼特右旗蒙郭勒肉业有限责任公司	锡林郭勒盟
锡林郭勒盟红井源油脂有限责任公司	锡林郭勒盟
锡林郭勒盟宏胜清真肉食品有限责任公司	锡林郭勒盟
锡林郭勒盟宝源酒业有限责任公司	锡林郭勒盟
内蒙古贺斯格乌拉原之源矿泉水有限责任公司	锡林郭勒盟
乌拉盖管理区布林泉酒业有限公司	锡林郭勒盟
内蒙古西乌珠穆沁旗沁绿肉类食品有限责任公司	锡林郭勒盟
西乌珠穆沁旗哈达图水泥有限公司	锡林郭勒盟
锡林郭勒盟正林畜产品有限责任公司	锡林郭勒盟
锡林郭勒盟冉峰工贸有限公司	锡林郭勒盟
锡林郭勒盟伊荣清真肉食品有限责任公司	锡林郭勒盟
锡林郭勒盟伊顺清真肉类有限责任公司	锡林郭勒盟
锡林郭勒百蒙行商贸有限责任公司	锡林郭勒盟
锡林浩特市凯谛制衣有限公司	锡林郭勒盟
锡林郭勒盟绿达工贸有限责任公司	锡林郭勒盟
锡林浩特市天隆牧工贸有限公司	锡林郭勒盟
内蒙古阿尔善牛业有限公司	锡林郭勒盟
内蒙古桃园羊绒集团有限责任公司	锡林郭勒盟
乌宁其（正蓝旗腾格里塔拉民族奶制品厂）	锡林郭勒盟
正蓝旗长虹乳制品厂	锡林郭勒盟

续表

企业名称	所属盟市
正镶白旗伊盛肉类有限责任公司	锡林郭勒盟
正镶白旗苏和牧业机械制造有限公司	锡林郭勒盟
呼伦贝尔肉业集团有限公司	呼伦贝尔市
内蒙古阿荣旗飞龙王酿酒有限责任公司	呼伦贝尔市
内蒙古九丰种业有限责任公司	呼伦贝尔市
内蒙古阿荣旗徐府酿酒有限责任公司	呼伦贝尔市
陈巴尔虎旗金帐汗旅游部落	呼伦贝尔市
新巴尔左旗呼和哈达乳业有限责任公司	呼伦贝尔市
呼伦贝尔绿宝实业有限公司	呼伦贝尔市
额尔古纳市丽丽娅食品有限责任公司	呼伦贝尔市
鄂伦春自治旗王老大农机有限公司	呼伦贝尔市
大兴安岭诺敏绿业有限责任公司	呼伦贝尔市
呼伦贝尔绿祥清真肉食品有限责任公司	呼伦贝尔市
呼伦贝尔有保生态农牧业开发股份有限公司	呼伦贝尔市
呼伦贝尔市乐佳散热器制造有限公司	呼伦贝尔市
海拉尔农垦（集团）有限责任公司	呼伦贝尔市
华润雪花啤酒（海拉尔）有限公司	呼伦贝尔市
海拉尔牧业机械有限责任公司	呼伦贝尔市
华润雪花啤酒（呼伦贝尔）有限公司	呼伦贝尔市
新巴尔虎右旗草原行肉类食品有限责任公司	呼伦贝尔市
呼伦贝尔市三江饮品有限公司	呼伦贝尔市
牙克石市野老大饮品有限责任公司	呼伦贝尔市
呼伦贝尔友谊乳业（集团）有限责任公司	呼伦贝尔市
呼伦贝尔淳江油脂有限责任公司	呼伦贝尔市
玖龙兴安浆纸内蒙古有限公司	呼伦贝尔市
内蒙古成吉思汗牧场酒厂	呼伦贝尔市
扎兰屯市秀水泉有限公司	呼伦贝尔市
扎兰屯市峰泉饮品有限公司	呼伦贝尔市
内蒙古石本羊绒制品有限公司	呼伦贝尔市
扎兰屯市闫氏酒业有限公司	呼伦贝尔市
扎兰屯市现代农业开发有限公司	呼伦贝尔市

企业名称	所属盟市
扎兰屯市蓝林食品厂	呼伦贝尔市
扎兰屯市达斡尔鸿巍农畜有限责任公司	呼伦贝尔市
扎兰屯同德木业有限责任公司	呼伦贝尔市
扎兰屯市北疆水泥制品有限公司	呼伦贝尔市
呼伦贝尔市中意食品商贸有限公司	呼伦贝尔市
扎兰屯市蒙德畜禽养殖农民专业合作社	呼伦贝尔市
呼伦贝尔市金禾粮油贸易有限责任公司	呼伦贝尔市
扎兰屯市源野饮品有限责任公司	呼伦贝尔市
满洲里市蒙祥原酒店有限责任公司	呼伦贝尔市
满洲里联众贝尔木业有限公司	呼伦贝尔市
内蒙古鑫安建筑安装工程有限责任公司	兴安盟
内蒙古绰尔河酒业有限责任公司	兴安盟
扎赉特旗绰勒银珠米业有限公司	兴安盟
内蒙古恒正集团保安沼农工贸	兴安盟
突泉县晶东米业加工有限公司	兴安盟
突泉县水泉长辉笤帚糜子种植专业合作社	兴安盟
突泉县溪流紫皮蒜专业合作社	兴安盟
突泉县曙光粮油购销有限责任公司	兴安盟
内蒙古蒙佳粮油工业集团有限公司	兴安盟
内蒙古宏达压铸有限责任公司	兴安盟
科右前旗森淼水产有限责任公司	兴安盟
科右前旗银辉米业有限责任公司	兴安盟
内蒙古草原兴牧肉类有限公司	兴安盟
科右前旗巴拉格歹绿雨稻米种植加工农民专业合作社	兴安盟
兴安盟蒙疆米业有限公司	兴安盟
科右中旗马头琴酒业有限责任公司	兴安盟
科右中旗马头琴酒业有限责任公司	兴安盟
兴安盟罕山泉民族饮品有限公司	兴安盟
乌兰浩特市三合村有机水稻种植专业合作社	兴安盟
兴安盟光泰彩钢门业有限公司	兴安盟
乌兰浩特市金谷粮油米业加工有限公司	兴安盟
内蒙古万佳食品有限公司	兴安盟

企业名称	所属盟市
兴安盟岭南香农产品开发有限责任公司	兴安盟
内蒙古蒙犇畜牧有限责任公司	兴安盟
阿拉善苁阳酒业有限责任公司	阿拉善盟
阿拉善盟松蓉酒业有限责任公司	阿拉善盟
阿拉善左旗水泵厂	阿拉善盟
内蒙古松塔水泥有限责任公司	阿拉善盟
内蒙古太西煤集团股份有限公司	阿拉善盟
内蒙古阿拉善宏魁苁蓉集团有限责任公司	阿拉善盟
内蒙古阿拉善驼乡酒业有限责任公司	阿拉善盟
额济纳旗益阳食品有限责任公司	阿拉善盟
内蒙古响沙酒业有限责任公司	鄂尔多斯市
鄂尔多斯蒙派食品有限责任公司	鄂尔多斯市
鄂尔多斯四季青农业开发有限公司	鄂尔多斯市
鄂尔多斯市东达农牧产业开发有限公司	鄂尔多斯市
内蒙古真金种业科技有限公司	鄂尔多斯市
达拉特旗树林召保善堂蔬菜协会	鄂尔多斯市
内蒙古阿尔巴斯羊绒有限公司	鄂尔多斯市
鄂尔多斯市巴音孟克商贸有限责任公司	鄂尔多斯市
富凯龙水利水电工程集团有限公司	鄂尔多斯市
鄂尔多斯市蒙纯乳业有限责任公司	鄂尔多斯市
鄂尔多斯市蒙凯汽车销售（集团）有限公司	鄂尔多斯市
鄂尔多斯市天骄资源发展有限公司	鄂尔多斯市
鄂尔多斯市伊司米羊绒衫有限公司	鄂尔多斯市
亿利资源集团有限公司	鄂尔多斯市
内蒙古鄂尔多斯投资控股集团有限公司	鄂尔多斯市
鄂尔多斯市阿恋民族食品有限责任公司	鄂尔多斯市
内蒙古鄂尔多斯资源股份有限公司	鄂尔多斯市
鄂尔多斯市可尔绮羊绒服饰股份有限公司	鄂尔多斯市
内蒙古满世煤炭集团股份有限公司	鄂尔多斯市
内蒙古大力神食品有限责任公司	鄂尔多斯市

企业名称	所属盟市
鄂尔多斯市秦直道遗址旅游开发有限责任公司	鄂尔多斯市
鄂尔多斯市绒仔羊绒有限公司	鄂尔多斯市
鄂尔多斯市施美珠制衣有限责任公司	鄂尔多斯市
内蒙古新大地建设集团股份有限公司	鄂尔多斯市
鄂尔多斯市杨金元食品有限责任公司	鄂尔多斯市
鄂尔多斯市鹿原种养业有限责任公司	鄂尔多斯市
鄂尔多斯市森和农牧开发有限公司	鄂尔多斯市
鄂托克旗察汉淖化工厂	鄂尔多斯市
内蒙古百眼井酒业有限责任公司	鄂尔多斯市
内蒙古蒙西高岭粉体股份有限公司	鄂尔多斯市
内蒙古蒙西水泥股份有限公司	鄂尔多斯市
内蒙古鄂托克旗双信化工有限责任公司	鄂尔多斯市
内蒙古再回首生物工程有限公司	鄂尔多斯市
鄂尔多斯市加力螺旋藻业有限公司	鄂尔多斯市
鄂托克前旗可汗苏力迪乳制品有限责任公司	鄂尔多斯市
内蒙古亿利能源股份有限公司甘草分公司	鄂尔多斯市
鄂尔多斯市皇香肉类开发有限责任公司	鄂尔多斯市
内蒙古巴图湾渔业有限责任公司	鄂尔多斯市
乌审旗博然祥和源养蜂专业合作社	鄂尔多斯市
乌审旗三洁养殖专业合作社	鄂尔多斯市
鄂尔多斯市成陵食品有限公司	鄂尔多斯市
内蒙古水域山饮品有限责任公司	鄂尔多斯市
鄂尔多斯市隆圣矿山机电有限责任公司	鄂尔多斯市
鄂尔多斯市万和商贸有限责任公司	鄂尔多斯市
内蒙古准露山野食品有限公司	鄂尔多斯市
鄂尔多斯市水镜湖农业旅游开发有限公司	鄂尔多斯市
内蒙古红旗广告装饰有限公司	鄂尔多斯市
鄂尔多斯市远洋新农业开发有限责任公司	鄂尔多斯市
内蒙古兴农绿色产业开发有限责任公司	鄂尔多斯市
鄂尔多斯市万和商贸有限责任公司	鄂尔多斯市
乌海市蓝梦二十一世纪餐饮有限公司	乌海市

续表

企业名称	所属盟市
乌海市凯达门业有限责任公司	乌海市
内蒙古新统领线缆有限公司	乌海市
乌海市包钢万腾钢铁有限责任公司	乌海市
内蒙古蒙西建设集团有限公司	乌海市
内蒙古一成广告有限责任公司	乌海市
乌海市大汗酒业有限责任公司	乌海市
内蒙古天骄珠宝有限责任公司	乌海市
乌海市汉唐之鹰（传媒）广告有限责任公司	乌海市
乌海市云飞农业种养殖科技有限公司	乌海市
内蒙古汉森酒业集团有限公司	乌海市
内蒙古万晨能源股份有限公司千峰水泥分公司	乌海市
乌海市金米兰服装有限责任公司	乌海市
乌海市巴音宝养殖发展有限公司	乌海市
乌海市迷你家私有限责任公司	乌海市
内蒙古达蒙菲工贸有限公司	乌海市
内蒙古吉奥尼葡萄酒业有限责任公司	乌海市
内蒙古黄河铬盐股份有限公司	巴彦淖尔市
内蒙古乌兰布和乳业有限责任公司	巴彦淖尔市
内蒙古古泉苁蓉酒有限公司	巴彦淖尔市
内蒙古利川化工有限责任公司	巴彦淖尔市
内蒙古巴彦高勒三盛食品有限公司	巴彦淖尔市
内蒙古王爷地苁蓉生物有限公司	巴彦淖尔市
内蒙古古泉苁蓉酒有限公司	巴彦淖尔市
内蒙古圣牧高科奶业有限公司	巴彦淖尔市
内蒙古河套酒业集团股份有限公司	巴彦淖尔市
巴彦淖尔市农牧业科学研究院	巴彦淖尔市
内蒙古百吉纳奶酒股份有限公司	巴彦淖尔市
杭锦后旗大发公面粉有限公司	巴彦淖尔市
杭锦后旗天宸商贸有限公司	巴彦淖尔市
内蒙古杭锦后旗金穗食品工业有限责任公司	巴彦淖尔市
杭锦后旗和平面业有限公司	巴彦淖尔市
杭锦后旗康尔徕绿色食品专业合作社	巴彦淖尔市

企业名称	所属盟市
杭锦后旗绿源种子有限责任公司	巴彦淖尔市
内蒙古乔家大院蒙乔食品有限责任公司	巴彦淖尔市
内蒙古米真绒毛纺织有限责任公司	巴彦淖尔市
内蒙古西蒙种业有限公司	巴彦淖尔市
内蒙古乔家大院蒙乔食品有限责任公司	巴彦淖尔市
内蒙古永华食品工业有限责任公司	巴彦淖尔市
内蒙古宝尔肥业科技有限公司	巴彦淖尔市
内蒙古草原宏宝食品有限公司	巴彦淖尔市
内蒙古草原蒙福肉业食品有限公司	巴彦淖尔市
内蒙古草原鑫河食品有限公司	巴彦淖尔市
巴彦淖尔市大兴羊绒制品有限公司	巴彦淖尔市
巴彦淖尔市豪固科技发展有限公司	巴彦淖尔市
巴彦淖尔市宏发食品有限公司	巴彦淖尔市
内蒙古金田正茂农业发展有限公司	巴彦淖尔市
内蒙古保牛乳业有限公司	巴彦淖尔市
内蒙古全得妙食品有限责任公司	巴彦淖尔市
内蒙古双河羊绒集团有限公司	巴彦淖尔市
内蒙古特米尔羊绒制品有限责任公司	巴彦淖尔市
内蒙古维可欣纺织有限公司	巴彦淖尔市
内蒙古恒丰食品工业（集团）股份有限公司	巴彦淖尔市
巴彦淖尔市临河区明珠沙发厂	巴彦淖尔市
巴彦淖尔市手延食品有限责任公司	巴彦淖尔市
内蒙古巴彦淖尔市科河种业有限公司	巴彦淖尔市
内蒙古金河套乳业有限公司	巴彦淖尔市
内蒙古亨利食品工业有限责任公司	巴彦淖尔市
巴彦淖尔市恒牧饲料有限公司	巴彦淖尔市
巴彦淖尔市团羊水泥有限公司	巴彦淖尔市
齐华矿业有限公司	巴彦淖尔市
内蒙古鑫龙玉业集团有限公司	巴彦淖尔市
乌拉特前旗华融扶祥农贸专业合作社	巴彦淖尔市
内蒙古乌拉特种业有限责任公司	巴彦淖尔市
内蒙古乌拉山化肥有限公司	巴彦淖尔市

企业名称	所属盟市
内蒙古欣业文化传媒有限公司	巴彦淖尔市
乌拉特前旗五一食品加工厂	巴彦淖尔市
巴彦淖尔市中联水泥有限公司	巴彦淖尔市
内蒙古大佘太水泥有限责任公司	巴彦淖尔市
内蒙古河套酒业集团乌拉特有限责任公司	巴彦淖尔市
内蒙古希热矿泉有限公司	巴彦淖尔市
高塔梁原生有机食品有限责任公司	巴彦淖尔市
五原县诚信粮油食品有限责任公司	巴彦淖尔市
内蒙古仙童食品有限公司	巴彦淖尔市
内蒙古蒙龙机械制造有限责任公司	巴彦淖尔市
内蒙古同泰玻璃制品有限责任公司	巴彦淖尔市
内蒙古轩达食品有限公司	巴彦淖尔市
内蒙古五原县塞鑫面业有限公司	巴彦淖尔市
五原县鸿发商贸有限责任公司	巴彦淖尔市
内蒙古五原县玉林食品有限责任公司	巴彦淖尔市
达茂旗德彪养殖专业合作社	包头市
达茂旗毕力格泰民族食品有限责任公司	包头市
包头市佰味家食品有限公司	包头市
包头市彩红塑料有限责任公司	包头市
内蒙古东利塑业科技有限公司	包头市
包头市红卫日用化工有限公司	包头市
包头市红卫食品有限责任公司	包头市
包头市南海旅游开发区总公司	包头市
包头骑士乳业有限责任公司	包头市
包头市沁园蔬菜水果产销专业合作社	包头市
包头中药有限责任公司	包头市
包头市宏乐粮油食品有限公司	包头市
包头华资实业股份有限公司	包头市
包头吉泰稀土铝业股份有限公司	包头市
内蒙古鹿王羊绒有限公司	包头市
内蒙古骆驼酒业集团股份有限公司	包头市

企业名称	所属盟市
包头市慧鑫实业有限公司	包头市
内蒙古北方重型汽车股份有限公司	包头市
包头北科科技开发有限公司	包头市
内蒙古草原牧歌餐饮发展有限责任公司	包头市
包头市凯利粮油有限公司	包头市
内蒙古龙驹乳业股份有限公司	包头市
内蒙古赛力特尔投资（集团）有限公司	包头市
三主粮集团股份公司	包头市
内蒙古天第化工有限公司	包头市
内蒙古乡土居餐饮连锁有限公司	包头市
内蒙古央世食品有限责任公司	包头市
包头长安永磁电机有限公司	包头市
固阳县鹿兴调味品酿造有限公司	包头市
内蒙古明大管业有限公司	包头市
包头市朝聚眼科医疗有限公司	包头市
包头市日盛世濠餐饮管理有限公司	包头市
内蒙古虹桥二手车交易市场有限责任公司	包头市
内蒙古金迈圆餐饮管理有限公司	包头市
海德投资控股集团有限责任公司	包头市
包头市铁木真食品有限公司	包头市
内蒙古恩格贝酒业有限责任公司	包头市
内蒙古来喜快餐连锁有限公司	包头市
内蒙古呱呱叫实业（集团）有限公司	包头市
包头宏基面粉有限公司	包头市
包头市建华禽业有限责任公司	包头市
内蒙古双菱锅炉制造有限责任公司	包头市
内蒙古小不点餐饮连锁有限公司	包头市
包头市华鹿高科技金属制品有限责任公司	包头市
内蒙古中厚钢板有限公司	包头市
内蒙古包头百货大楼集团股份有限公司	包头市
包头巨龙变压器有限责任公司	包头市
包头北方创业股份有限公司	包头市

续表

企业名称	所属盟市
内蒙古一机集团北方实业有限公司	包头市
内蒙古医科大学第四附属医院	包头市
包头市大福林饮食服务有限责任公司	包头市
包头市丹妮娅食品有限公司	包头市
内蒙古一机集团宏远电器股份有限公司	包头市
包头市青山区后套美食村	包头市
内蒙古马家私房面餐饮有限责任公司	包头市
包头市联德石油机械有限公司	包头市
包头众恒科技发展有限公司	包头市
内蒙古阿健餐饮有限责任公司	包头市
包头市大青山机械制造有限责任公司	包头市
包头信得惠丰田汽车销售服务有限公司	包头市
包头市名泉泵业有限责任公司	包头市
包头市清泉泵业有限责任公司	包头市
内蒙古霍林西山香食品有限责任公司	通辽市
霍林郭勒东方机电修造有限责任公司	通辽市
通辽市草原旭日食品有限责任公司	通辽市
通辽市广发草原食品有限责任公司	通辽市
通辽市鑫琪饮品有限责任公司	通辽市
内蒙古清谷新禾有机食品有限责任公司	通辽市
通辽经济技术开发区天源麦饭石有限公司	通辽市
通辽市邢佳食品有限责任公司	通辽市
通辽市正地饲料有限责任公司	通辽市
内蒙古百年酒业有限公司	通辽市
南开允公药业有限公司	通辽市
科左后旗禾丰粮食购销有限公司	通辽市
科左后旗绿原饲料研究所	通辽市
科左中旗龙腾复合肥有限责任公司	通辽市
通辽市绿牛食品有限公司	通辽市
通辽市大林型砂有限公司	通辽市
通辽市天成调味品有限公司（原戴家居副食品厂）	通辽市

续表

企业名称	所属盟市
通辽岳泰科技实业股份有限公司	通辽市
通辽市锦秀木业有限公司	通辽市
内蒙古谷道粮原农产品有限责任公司	通辽市
通辽市科尔沁明仁大街骨里香熟食城	通辽市
通辽罕山肉食品加工有限公司	通辽市
内蒙古美林实业集团有限公司	通辽市
内蒙古西亚卓服装有限公司	通辽市
通辽东北六药业有限公司	通辽市
内蒙古蒙古王实业股份有限公司	通辽市
通辽市绿色米业有限公司	通辽市
通辽市泰来金银珠宝有限责任公司哲里木金店	通辽市
内蒙古科尔沁药业有限公司	通辽市
内蒙古东蒙水泥有限公司	通辽市
内蒙古库伦蒙药有限公司	通辽市
内蒙古忽必烈酒业有限责任公司	通辽市
内蒙古白音杭盖食品有限公司	通辽市
奈曼旗华宝麦饭石系列有限公司	通辽市
奈曼旗蓝盾茶业有限公司	通辽市
内蒙古老哈河粮油工业有限责任公司	通辽市
奈曼旗中华麦饭石开发有限公司	通辽市
内蒙古铁骑王酿酒有限公司	通辽市
扎鲁特旗金德农牧业科技发展有限公司	通辽市
扎鲁特旗谦顺商贸有限责任公司	通辽市
内蒙古威林酒业有限责任公司	通辽市
扎鲁特旗北方食品有限公司	通辽市
扎鲁特旗正达粮油贸易有限公司	通辽市
内蒙古宏发食品有限责任公司	通辽市
内蒙古伊利实业集团股份有限公司	呼和浩特市
内蒙古北方建设机械有限公司	呼和浩特市
呼和浩特市君子兰塑胶有限责任公司	呼和浩特市
内蒙古蒙伊萨食品有限责任公司	呼和浩特市
呼和浩特市万盛昌水业饮料有限公司	呼和浩特市

续表

企业名称	所属盟市
内蒙古奥特奇蒙药股份有限公司金山蒙药厂	呼和浩特市
金宇保灵生物药品有限公司	呼和浩特市
内蒙古蒙亮民贸（集团）有限公司	呼和浩特市
呼和浩特市五塔东街风剪云俱乐部	呼和浩特市
呼和浩特市舞美艺术服装厂	呼和浩特市
内蒙古三千浦餐饮连锁有限责任公司	呼和浩特市
内蒙古贝多美乐食品有限责任公司	呼和浩特市
内蒙古红太阳食品有限公司	呼和浩特市
内蒙古大公食品有限责任公司	呼和浩特市
内蒙古康新食品有限公司	呼和浩特市
内蒙古蒙康圣业科技发展有限责任公司	呼和浩特市
呼和浩特市奇虎门业有限责任公司	呼和浩特市
内蒙古天皓水泥集团有限公司	呼和浩特市
内蒙古蒙清农业科技开发有限公司	呼和浩特市
内蒙古盛谷酿造食品有限责任公司	呼和浩特市
呼和浩特市泰尔力图医疗保健用品有限公司	呼和浩特市
中海石油天野化工有限责任公司	呼和浩特市
内蒙古鑫隆防寒制品厂	呼和浩特市
元和药业股份有限公司	呼和浩特市
内蒙古银安科技开发有限责任公司	呼和浩特市
内蒙古双奇药业股份有限公司	呼和浩特市
内蒙古大唐药业有限公司	呼和浩特市
内蒙古大美国际贸易有限责任公司	呼和浩特市
内蒙古科达铝业装饰工程有限公司	呼和浩特市
内蒙古民族有限责任公司满达商城分公司	呼和浩特市
内蒙古金锐家具汇展有限公司	呼和浩特市
内蒙古纳顺装备工程（集团）有限公司	呼和浩特市
内蒙古旺顺食品有限公司	呼和浩特市
呼和浩特众环（集团）有限责任公司	呼和浩特市
呼和浩特宝兴工贸有限责任公司	呼和浩特市
内蒙古正隆谷物食品有限公司	呼和浩特市
内蒙古祺泰服饰业有限责任公司	呼和浩特市

企业名称	所属盟市
呼和浩特市阿民食品有限公司	呼和浩特市
内蒙古巴彦塔拉饭店有限责任公司	呼和浩特市
内蒙古蒙牛乳业（集团）股份有限公司	呼和浩特市
内蒙古驰园酒业有限公司	呼和浩特市
内蒙古和信园蒙草抗旱绿化股份有限公司	呼和浩特市
内蒙古蒙科立软件有限责任公司	呼和浩特市
内蒙古绿禾食品有限责任公司	呼和浩特市
内蒙古先行品牌策略有限责任公司	呼和浩特市
内蒙古鑫富豪大业有限责任公司	呼和浩特市
内蒙古蒙亮民贸（集团）有限公司	呼和浩特市
内蒙古御盛斋食品有限责任公司	呼和浩特市
内蒙古彤辉实业有限责任公司	呼和浩特市
内蒙古兄妹游泳有限责任公司	呼和浩特市
内蒙古爱立特纺织有限公司	乌兰察布市
内蒙古丰川酒星酒业有限责任公司	乌兰察布市
内蒙古化德县酿酒有限责任公司	乌兰察布市
内蒙古化德县达远制衣有限责任公司	乌兰察布市
乌兰察布市集宁纳尔松酿业有限公司	乌兰察布市
乌兰察布市集宁区蒙鹰农牧土特发展有限公司	乌兰察布市
内蒙古鸿茅药业有限责任公司	乌兰察布市
凉城县世纪粮行有限公司	乌兰察布市
商都县鑫磊蔬菜专业合作社	乌兰察布市
兴和县涂料厂	乌兰察布市
内蒙古天品粮油仓储有限公司	乌兰察布市
卓资县金涛肉食品有限公司	乌兰察布市
内蒙古草原兴发食品有限公司	赤峰市
内蒙古健元鹿业（集团）有限责任公司	赤峰市
巴林市场集团有限责任公司	赤峰市
蒙都羊业股份有限公司	赤峰市
内蒙古塞飞亚科技发展股份有限公司	赤峰市
内蒙古顺鑫宁城老窖酒业有限公司	赤峰市
呼伦贝尔松鹿制药有限责任公司	呼伦贝尔市

企业名称	所属盟市
内蒙古宏裕科技股份公司	呼伦贝尔市
内蒙古东达蒙古王集团有限公司	鄂尔多斯市
内蒙古响沙酒业有限公司	鄂尔多斯市
鄂尔多斯市天骄资源发展有限公司	鄂尔多斯市
内蒙古鄂尔多斯资源股份有限公司	鄂尔多斯市
内蒙古伊泰集团有限公司	鄂尔多斯市
内蒙古远兴能源股份有限公司	鄂尔多斯市
内蒙古鄂尔多斯酒业集团有限公司	鄂尔多斯市
内蒙古河套酒业集团股份有限公司	巴彦淖尔市
内蒙古富川饲料科技股份有限公司	巴彦淖尔市
内蒙古恒丰食品工业（集团）股份有限公司	巴彦淖尔市
内蒙古巴运汽车运输有限责任公司	巴彦淖尔市
包头市金鹿有限责任公司	包头市
包头华资实业股份有限公司	包头市
内蒙古鹿王羊绒有限公司	包头市
中国北方稀土（集团）高科技股份有限公司	包头市
包头北奔重型汽车有限公司	包头市
内蒙古小肥羊餐饮连锁有限公司	包头市
内蒙古宇标食品有限公司	通辽市
内蒙古蒙药股份有限公司	通辽市
内蒙古奥淳酒业有限责任公司	乌兰察布市
内蒙古维多利商业（集团）有限公司	呼和浩特市
内蒙古民族商场有限责任公司	呼和浩特市
呼和浩特兆兴羊绒制品有限公司	呼和浩特市
内蒙古仕奇集团公司	呼和浩特市
内蒙古宇航人高技术产业有限责任公司	呼和浩特市
内蒙古东方万旗肉牛产业有限公司	赤峰市
克什克腾旗达来诺日渔场	赤峰市
内蒙古太西煤集团	阿拉善
呼伦贝尔市乐佳散热器制造有限公司	呼伦贝尔市
内蒙古罕山食品集团有限公司	通辽市
乌兰察布市集宁区鹏亚皮件有限责任公司	乌兰察布市
赤峰裕井烧坊酒厂	赤峰市

表 3 - 20　各盟市著名商标拥有数量及 2014 年新认定分布表

单位：件

项目 单位	著名商标 拥有数量	著名商标占内蒙古自治区 著名商标总数比例（%）	2014 年新认定 著名商标
呼和浩特市工商局	104	16.00	11
包头市工商局	83	12.77	11
呼伦贝尔市工商局	49	7.54	12
兴安盟工商局	32	4.92	11
通辽市工商局	68	10.46	12
赤峰市工商局	64	9.85	18
锡林郭勒盟工商局	35	5.38	4
乌兰察布市工商局	25	3.85	7
鄂尔多斯市工商局	63	9.69	14
巴彦淖尔市工商局	70	10.77	14
乌海市工商局	20	3.08	3
阿拉善盟工商局	20	3.08	4
满洲里市工商局	9	1.38	3
二连浩特市工商局	8	1.23	2
合计	650	100	126

（三）地理标志证明（集体）商标培育和基本情况

2014 年，在自治区工商局的统一领导下，内蒙古自治区商标监督管理机构不断加大对地理标志商标的注册与保护工作力度，积极指导各地注册地理标志证明（集体）商标。结合自治区"8337"发展思路提出的"把内蒙古建成绿色农畜产品生产加工输出基地"要求，组织人员深入有关盟市进行了专题调研，撰写了《内蒙古农畜产品产业品牌化与地理标志（商标）管理运用的现状与前景》调研报告，针对如何通过地理标志（商标）管理运用助推内蒙古自治区农畜产品产业品牌化进行了全面阐述、分析，并提出了具体建议。

2014 年，内蒙古自治区"翁牛特羊肉"、"翁牛特牛肉"、"翁牛特大米"、"杭锦旗甘草"、"通辽牛肉干"5 件商标被注册为地理标志证明（集体）商标。

截至 2014 年末，内蒙古自治区共有地理标志商标 32 件，其中赤峰市有 7件，居于内蒙古自治区首位；呼和浩特市有 6 件；乌兰察布市有 5 件；通辽市有4 件；巴彦淖尔市有 3 件；阿拉善盟有 2 件；锡林郭勒盟、呼伦贝尔市、兴安盟和包头市各有 1 件。总体来看，地理标志商标的注册数量较以往明显增加。通过地理标志的注册，品牌的管理，确实提高了生产效益，增加了市场主体的收入，促进了经济的发展。

表3-21　内蒙古自治区各盟市地理标志商标注册数量

单位：件

地　区	地理标志数
呼和浩特市	6
包头市	1
呼伦贝尔市	1
兴安盟	1
通辽市	4
赤峰市	7
锡林郭勒盟	1
乌兰察布市	5
鄂尔多斯市	1
巴彦淖尔市	3
乌海市	0
阿拉善盟	2

四、内蒙古自治区工商管理部门全面实施商标品牌战略，推动县域经济创新发展

（一）内蒙古自治区党委、政府出台了一系列政策，推动了商标品牌战略工作向纵深发展

"十二五"期间，自治区党委、政府出台了一系列相关政策，推动了商标品牌战略工作向纵深发展，商标品牌战略已经成为政府行为。

1. 2013年自治区党委、政府出台的相关政策文件

《内蒙古自治区绿色农畜产品生产加工输出基地发展规划（2013～2020年）》，将商标品牌建设列入其中。

《内蒙古自治区人民政府关于加快推进服务业发展的指导意见》（内政发〔2013〕80号），明确了服务业获得驰名商标、著名商标的奖励意见。

《内蒙古自治区人民政府关于印发鼓励和支持非公有制经济加快发展若干规

定（试行）的通知》（内政发〔2013〕61号），明确了对非公有制市场主体获得驰名商标、著名商标的奖励政策，明确了被认定为中国驰名商标的一次性奖励人民币100万元；被认定为内蒙古自治区著名商标的，一次性奖励人民币50万元。

《内蒙古关于进一步加快县域经济发展的意见》，明确了商标品牌建设在县域经济发展中的作用。

《内蒙古自治区人民政府关于振兴羊绒产业发展的意见》（内政发〔2013〕74号），明确了对羊绒企业获得驰名商标认定的奖励政策。

《内蒙古知识产权十二五发展规划》，将商标工作作为重要内容列入其中。

《内蒙古科学技术进步条例》，重点强化了商标工作。

2. 2014年内蒙古自治区政府出台的相关政策文件

《内蒙古自治区工商系统打击侵犯知识产权和制售假冒伪劣商品工作指导意见》。

印发了《内蒙古自治区企业信用信息公示系统运用与管理办法（试行）》。

内蒙古自治区人民政府关于加快推进品牌农牧业发展的意见（内政发〔2014〕116号），力争到2017年底，建立和完善农畜产品品牌培育、发展和保护体系，形成标准化生产、产业化经营、品牌化营销的现代农牧业新格局，大幅度提高农畜产品附加值，增加品牌经济总量。

3. 2015年内蒙古自治区政府出台的相关政策文件

内蒙古自治区政府2015年出台了《内蒙古自治区人民政府关于加快培育领军企业推进产业集群发展、提升农牧业产业化经营水平的意见》（内政发〔2015〕2号），明确了农牧业商标品牌培育保护等意见和对领军企业品牌建设提出了明确的目标，等等。

4. 2011～2012年盟市出台的一系列政策

呼和浩特市人民政府关于进一步推进商标品牌战略的实施意见（呼政发〔2011〕32号）。

包头市人民政府关于印发包头市"十二五"商标品牌战略发展规划的通知（包府发〔2012〕61号），包头市人民政府关于授予商标品牌战略实施示范区和示范企业称号的通报（包府发〔2012〕62号），包头市人民政府办公厅关于印发包头市商标品牌战略实施示范区和示范企业创建工作方案的通知（包府办发〔2012〕88号）。

呼伦贝尔市人民政府办公厅印发关于加快推进商标品牌战略实施意见的通知（呼政办发〔2012〕93号）。

赤峰市人民政府办公厅转发赤峰市工商行政管理局关于进一步加快"十二五"期间商标发展意见的通知（赤政办字〔2011〕92号）；赤峰市人民政府办公厅

关于印发《赤峰市知名商标认定和保护办法》的通知（赤政办发〔2012〕19号）。

通辽市人民政府关于印发通辽市名优商标地理标志商标奖励办法的通知（2011年8月1日）。

锡林郭勒盟行政公署批转《关于实施商标战略推进品牌强盟工作意见》的通知（锡署发〔2012〕255号），锡林郭勒盟行政公署办公厅关于印发《锡林郭勒盟知名商标认定和保护办法》的通知（锡署办发〔2012〕141号）。

乌兰察布市人民政府批转市工商局关于实施商标战略推进品牌兴市工作实施意见的通知（乌政发〔2011〕33号），乌兰察布市人民政府关于印发乌兰察布市知名商标认定和保护办法的通知（乌政发〔2011〕69号）。

巴彦淖尔市人民政府办公厅关于批转推进商标战略实施方案的通知（巴政办发〔2012〕9号），巴彦淖尔市人民政府办公厅关于批转2011~2015年商标战略发展规划的通知（巴政办发〔2012〕10号）。

5.2013年盟市出台的一系列政策

兴安盟行政公署办公厅批转盟工商行政管理局兴安盟"十二五"商标发展规划的通知（兴署办发〔2013〕34号）。

锡林郭勒盟行政公署关于加快推进品牌建设的实施意见（锡署发〔2013〕87号），锡林郭勒盟行政公署办公厅关于调整锡林郭勒盟知名商标认定委员会组成人员的通知（锡署办字〔2013〕10号）。

鄂尔多斯市人民政府出台《鄂尔多斯市人民政府关于贯彻自治区鼓励和支持非公经济加快发展若干规定的实施意见》（鄂府发〔2013〕37号），明确了对非公有制市场主体获得著名商标、知名商标的奖励政策。鄂尔多斯市工商局制订了《鄂尔多斯市十二五时期商标战略发展规划》和《关于进一步推进商标发展战略工作的意见》，出台了《关于对评为驰名、著名、知名商标奖励办法》。

乌海市人民政府办公厅关于印发乌海市鼓励和支持非公有制经济发展的意见重点工作分工方案的通知（乌海政办发〔2013〕61号）；乌海市人民政府办公厅关于印发《乌海市推进商标战略五年发展规划》的通知（乌海政办发〔2013〕34号），乌海市人民政府办公厅关于印发乌海市知名品牌创建工作发展规划的通知（乌海政办发〔2013〕58号）。

阿拉善盟出台了《阿拉善盟知名商标认定和保护办法》，《阿拉善盟实施商标战略奖励办法》。

二连浩特市人民政府办公厅关于印发《二连浩特市知名商标认定和保护办法》、《二连浩特市驰名、著名、知名商标奖励办法》的通知（二政发〔2013〕45号），二连浩特市实施商标品牌战略五年发展规划（2011~2015年）。

赤峰市依照商标发展状况制定了《商标品牌发展"112"工程实施方案》。

规范完善了《赤峰市知名商标认定和保护办法》（赤政办发〔2012〕19号）；为维护赤峰市驰名、著名、知名商标的声誉，加强对驰名、著名、知名商标的管理、使用及扶持力度，提升赤峰市品牌的国际、国内市场竞争力，促进赤峰市商标战略的全面实施夯实基础，制定了《驰名、著名、知名商标管理办法》。

巴彦淖尔市印发了《巴彦淖尔市工商局关于服务"五个基地"推进商标战略的措施意见》。

呼伦贝尔市市政府印发了《关于加快推进商标品牌战略的实施意见》。

6. 2014年盟市出台的一系列政策

通辽市印发了《通辽市工商局关于加强引导商标注册工作方案》；修订了《通辽市知名商标认定保护办法》（通辽市人民政府以规范性文件形式印发）；同时出台了《通辽市商标品牌梯次分类发展指导意见》；起草了《通辽市2014年推动农副产品地理标志商标注册工作实施方案》，有目标、分步骤地开展引导地理标志商标注册工作。

二连浩特市印发《关于打击侵犯知识产权和制售假冒伪劣商品专项行动方案》。

7. 2015年盟市出台的一系列政策

锡林郭勒盟出台了《锡盟工商局关于实施商标战略推进品牌强盟工作的实施意见》。

8. "十二五"期间各旗县出台的政策文件

正蓝旗人民政府办公室印发了《正蓝旗推进商标战略实施工作方案》。

多伦县人民政府、多伦县人民政府办公室分别印发了《多伦县实施商标战略促进县域经济发展的意见》、《多伦县驰名著名知名商标奖励办法》。

西乌珠穆沁旗人民政府办公室批转了《西乌旗工商局关于实施商标战略推进品牌强旗工作的意见》。

各盟市、旗县出台的政策基本上是围绕着自治区的相关政策，并结合本区域的实际情况制定并实施的。这也充分说明了各盟市对商标品牌发展的重视，也标志商品品牌战略实施工作已经成为政府行为。在制定政策的同时，各地工商部门积极通过各种形式对政策文件进行宣传并采取措施全面贯彻落实文件精神。如赤峰市分别在2012年和2014年召开了全市"深入推进商标战略，服务地方经济科学发展"动员大会、"全力实施商标战略，服务地方经济发展"商标品牌战略推进会。借此加强宣传、提高社会各界的品牌意识。锡林郭勒盟、二连浩特市等对《新商标法》的新制度、新规定和注册商标管理及保护等相关规定、实施商标品牌战略的措施、重要意义进行了宣传，积极营造出实施商标品牌战略和进行商标培育的良好氛围。截至2014年，呼和浩特市、包头市、呼伦贝尔市、兴安盟、通辽、赤峰、锡林郭勒盟、乌兰察布、鄂尔多斯市、巴彦淖尔市、乌海及阿拉善盟等12个盟市政府都已下发了实施商标品牌战略的意见、方案或奖励政策。正蓝旗、多伦县等多个旗县也相继制定了商品战略实施工作方案及奖励办法等政策。

（二）内蒙古自治区各级工商机关积极推进商标品牌战略实施，促进县域经济健康快速发展

一是内蒙古自治区各级工商机关通过推行"四书一卡"、"一所一标"、"一乡一品"和"公司（合作社、协会）＋商标（地理标志）＋农户"的模式，深入辖区企业开展商标行政指导，重点加强对地方支柱特色、农畜产品产业和龙头企业的帮扶指导，进一步规范驰名、著名、知名商标的申报认定程序，积极开展知名、著名商标的认定和驰名商标推荐、地理标志商标的申报注册工作，知名、著名、驰名商标三大梯次方阵初步建立。

二是自治区工商局领导带领包头市、赤峰市、通辽市、兴安盟和巴彦淖尔市的有关人员，先后两次赴总局商标局就商标工作进行了专题汇报，希望在驰名商标认定和地理标志商标注册方面继续给予支持和照顾，得到了商标局有关领导的现场指导和极大关注。

三是结合自治区"8337"发展思路提出的"把内蒙古建成绿色农畜产品生产加工输出基地"要求，组织人员深入有关盟市进行了专题调研，撰写了《内蒙古农畜产品产业品牌化与地理标志（商标）管理运用的现状与前景》调研报告，就如何通过地理标志（商标）管理运用助推内蒙古自治区农畜产品产业品牌化进行了全面阐述、分析，并提出了具体建议，此文在《内蒙古日报》（2014年12月25日第7版）全文刊发，引起各级领导、相关部门、专家学者的高度关注，促进了自治区农畜产品产业品牌化与地理标志（商标）管理工作的全面展开。深入锡林郭勒盟就加快锡林郭勒盟羊肉产业进行了专题调研，向锡林郭勒盟行署报送了《自治区工商局关于加快锡林郭勒盟羊肉产业实施商标品牌战略的建议函》，受到了锡林郭勒盟行署的高度重视。2014年12月下旬，召开了"内蒙古自治区部分盟市商标品牌建设与非公经济发展座谈会"，邀请了部分盟市工商局领导和企业负责人，围绕"商标品牌建设与非公经济发展"主题进行了座谈，各方就培育商标品牌、规范商标使用、注重商标保护、提升实施商标品牌战略效能和促进县域经济和非公经济发展达成了共识。

四是认真落实驰名、著名商标奖励政策，积极协调自治区农业厅，联合起草了《关于对2013年新获得认定的驰名商标予以奖励的请示》，并上报自治区政府。同时，积极协调盟市政府落实对地方著名商标企业的奖励政策。目前，自治区政府对驰名商标奖励的 1760 万元资金已经落实到位，并全部发放到受奖的 16 家企业；著名商标奖励资金在呼伦贝尔市、赤峰市、乌兰察布市、阿拉善盟、包头市等盟市已经落实到位，呼伦贝尔、赤峰市相继召开了实施商标品牌战略推进会，对荣获著名商标的企业进行了表彰和奖励。

五是先后深入呼和浩特市、包头市、兴安盟、通辽市、乌兰察布等盟市通过召开座谈会、讲解培训、实地考察等形式向企业、工商干部讲解注册农畜产品商标和地理标志商标的知识，取得了良好效果。

六是组织内蒙古自治区 23 家企业参加了 2014 中国国际商标·品牌节，伊利、蓝色牧野、西蒙皮业等企业参与了展销，进一步提升了内蒙古自治区企业及产品的知名度和影响力。

第 四 章

商标品牌资源基础与县域品牌企业发展情况

内蒙古自治区现有无公害农畜产品生产基地583个、无公害产品1764个，绿色食品生产企业144家，绿色食品标志产品343个。内蒙古自治区各地都有丰富的商标和地理标志资源，大量具有地域优势和特色优势的农畜产品为塑造产品品牌和打造产业品牌，奠定了坚实的基础。

此外，种类多样且历史悠久的非物质文化遗产、县域文化品牌、县域名胜品牌、县域景观品牌以及当地的中华老字号等各种品牌资源也极其丰富。

随着内蒙古自治区商标品牌战略的不断实施和深入开展，品牌的经济效应日益显现。各旗县政府部门品牌培育意识日渐提高，大批品牌企业不断发育和成熟，在促进县域经济发展、繁荣农牧区经济、带动农牧民增收致富方面发挥着积极有效的作用。

一、内蒙古自治区商标品牌资源基础

（一）区位与资源

内蒙古自治区地域辽阔，东西长约 2400 多公里，南北最大跨度 1700 多公里，处在北纬 40~45 度，平均海拔 1000 多米。内蒙古自治区资源禀赋，有辽阔的草原、莽莽的森林、广袤的耕地，草原 13.2 亿亩、森林 3.73 亿亩、耕地 1.08 亿亩。从东到西，地势起伏微缓，山下有川、川前有沟、沟里有壑，气候变化明显，气温极差大，非常有利于植物糖分的储存、干物质的凝结，既是高品质农作物的种植带，又是最佳的奶源纬度带，明显的地理地貌和气候条件差异，孕育了内蒙古自治区得天独厚的农畜产品资源，也是商标注册的储备资源。特别是还素有"东林西铁、南粮北牧、遍地矿藏"的美誉。

（二）产业与产品

独特的地理位置、气候条件和天然绿色生态环境，使内蒙古自治区农牧业的生态条件、作物与畜种分布、耕作和饲养制度呈明显的地域性差异，目前已经初步形成了牛奶、羊绒、肉牛、肉羊、玉米、小麦、水稻、高油大豆、马铃薯、番茄（红干椒）10 个重点产业集群和具有比较优势的产业聚集带。内蒙古自治区已形成 905.5 万吨牛奶、150 万吨肉类、2200 万件羊绒衫、1500 万吨玉米、85 万吨白酒、180 万吨啤酒的生产加工能力。羊绒制品产销量居全国第一，羊绒产量 8283.6 吨，约占全国的 50%、占世界的 25%。乳制品产量位居全国第一，乳产业形成了以呼和浩特市、呼伦贝尔市为核心区的两大优势生产加工基地，液态奶、奶粉、冰淇淋等销售量均居全国首位；2014 年生产乳制品 269.8 万吨，占全国的比重近 20%。羊肉产量居全国第一，2014 年羊肉产量达 93.3 万吨。牛肉产量居全国第四位，2014 年牛肉产量达 54.5 万吨。内蒙古自治区是全国粮油种植大区，拥有松嫩、辽河、土默川、河套四大平原，以种植玉米、小麦、水稻、大豆、马铃薯五大作物和谷子、高粱、莜麦、糜黍、绿豆等杂粮杂豆为主，2014 年粮食作物播种面积 565.1 万公顷，粮食产量达到 2753 万吨（550.6 亿斤）。

（三）商标（注册）资源

内蒙古自治区幅员辽阔，物产众多，是农牧业大区，从东到西有丰富的农畜产品。一是内蒙古自治区各地的产品优势就是商标品牌资源的基础或存量优势。可以注册集体商标、地理标志商标的资源有呼伦贝尔市的呼伦贝尔羊、呼伦贝尔牛、蓝莓果、蘑菇、榛子、松子、中草药材、达赉湖鱼虾、三河马、三河牛等；兴安盟的兴安盟大米、卜留克咸菜、扎赉特旗黑皮花生等；通辽市的库伦荞麦、扎鲁特葵花籽、开鲁红干椒、玉米、科尔沁牛肉馅饼等；赤峰市的昭乌达羊、翁牛特牛、翁牛特羊、敖汉小米、达里湖鱼等；锡林郭勒盟的锡林郭勒羊、苏尼特羊肉、乌珠穆沁旗牛肉和羊肉、太仆寺旗胡麻油等；乌兰察布市的察右中旗红萝卜、丰镇月饼、卓资山熏鸡等；呼和浩特市的武川土豆、武川莜麦面、武川荞麦、托县油炸糕、托县豆腐、呼和浩特市烧麦、铁兆义酱牛肉、清水河小米、赛罕小金瓜等；包头市的南海黄河鲤鱼、固阳莜麦、固阳荞麦等；巴彦淖尔市的巴彦淖尔小麦、乌拉特草原羊、巴彦淖尔番茄、枸杞、葵花籽、巴美肉羊、五原大有公香瓜、二郎山白绒山羊及羊绒等；鄂尔多斯市的阿巴斯山羊、羊绒等；阿拉善盟的骆驼绒等。二是自治区各地共同拥有的特色产品有烤全羊、烤羊背、烤羊腿、风干牛肉、奶皮奶酪、炒米、皮画等，可以以内蒙古自治区申请地理标志证明商标。三是内蒙古自治区共有无公害农产品产地583个，其中种植业产地391个，面积达139.39万公顷，畜牧业产地111个，养殖规模达2196.11万头（万羽、万只），渔业产地81个，养殖水面积达28.62万公顷；无公害农产品总数达1764个。绿色食品生产企业144家，有效使用绿色食品标志产品343个，认证产品规模达到209.22万吨。这些也是商标注册的优势资源。

总而言之，内蒙古自治区各地都有丰富的商标和地理标志资源，即大量具有地域优势和特色优势的农畜产品，为我们塑造品牌尤其是农产品品牌打造农畜产品产业品牌化奠定了坚实的基础。

（四）中华老字号

在所调研的旗县中，中华老字号共有12个，分布在阿拉善盟、通辽市、呼和浩特市、赤峰市、锡林郭勒盟及巴彦淖尔市等6个盟市的额济纳旗、开鲁县、扎鲁特旗、巴林右旗、宁城县、多伦县、杭锦后旗等9个旗县区当中。这些中华老字号不仅历史悠久且信誉良好、产品质量有保证，不仅可以作为其所在旗县的金字招牌，更有助于推动当地经济的发展。

表4-1 内蒙古自治区各旗县中华老字号清单

序号	中华老字号	隶属旗县	盟市
1	居延蜜瓜	额济纳旗	阿拉善盟
2	"开鲁"牌	开鲁县	通辽市
3	内蒙古民族商业集团有限责任公司的"民族"商标，2011年被商务部认定为"中华老字号"	回民区	呼和浩特市

序号	中华老字号	隶属旗县	盟市
4	宴宾楼	红山区	赤峰市
5	乾御兴		
6	瓜子张		
7	赤峰套马杆酒业有限公司	巴林右旗	
8	巴林右旗山丹食品有限公司		
9	内蒙古顺鑫宁城老窖酒业有限公司	宁城县	
10	内蒙古滦源酒业有限责任公司注册的"滦河"商标	多伦县	锡林郭勒盟
11	内蒙古恒丰食品工业（集团）股份有限公司	临河区	巴彦淖尔市
12	内蒙古河套酒业集团股份有限公司	杭锦后旗	

资料来源：由调研资料整理得出。

（五）非物质文化遗产

除中华老字号外，内蒙古自治区各旗县也拥有种类多样且历史悠久的非物质文化遗产，这其中不乏被列入国家级和世界级的非物质文化遗产。具体来说，在所调研的旗县中，世界级物质文化遗产为 1 项；国家级非物质文化遗产有 9 项；自治区级非物质文化遗产有 33 项；盟市级非物质文化遗产有 88 项；旗县区级非物质文化遗产有 110 项。这些非物质文化遗产不仅拥有悠久的历史，更是人类历史发展过程中不可或缺的财富，如果能够进行合理的开发和利用，对当地的经济发展和社会文化建设将起到不可估量的作用。

表 4-2　内蒙古自治区各旗县非物质文化遗产清单

隶属盟市	旗县	非物质文化遗产清单	备注
鄂尔多斯市	准格尔旗	慢瀚调	
	鄂托克前旗	阿拉格苏勒德祭祀、蒙古族树祭、鄂尔多斯秀斯（羊背子）、蒙古族刺绣（鄂尔多斯刺绣）、蒙古族马具制作技艺（鄂尔多斯马具制作技艺）	自治区级（6 项）
		阿拉格苏勒德祭祀、蒙古族树祭、鄂托克前旗民歌、鄂托克前旗马文化、查玛舞、鄂托克前旗筷子舞、鄂尔多斯蒙古族刺绣、鄂尔多斯蒙古族马具制作技艺等	市级（13 项）
		鄂尔多斯民间故事、鄂尔多斯蒙古族对联、祝赞词等	旗级（71 项）

续表

隶属盟市	旗县	非物质文化遗产清单	备注
鄂尔多斯市	达拉特旗	窝阔台祭奠、达拉特希鲁格道、达拉特纪事剪纸	自治区级
		窝阔台祭奠、达拉特希鲁格道、达拉特纪事剪纸、达拉特烫画技艺、墙围画、达拉特道情、老油坊卧式水制压榨油传统制作技艺	市级
		释尼召宗教活动、达拉特希鲁格道、墙围画、达拉特纪事剪纸、达拉特烫画技艺、手工雕刻、泥塑、达拉特道情、窝阔台祭奠、老油坊卧式木制压榨油传统制作技艺、神树传说、达拉特民歌	旗级
阿拉善	阿拉善右旗	塔克拉牌游艺、马头琴传统手工制作工艺、传统手工银具制作技艺、宝德格、喀尔喀蒙古族婚礼、喀尔喀服饰、阿拉腾特布西庙会、蒙古族传统羊灌肠、哈尔客服饰	盟级
		蒙古族拉弦乐器制作工艺、哈尔客服饰、塔克拉牌游艺	自治区级
	阿拉善左旗	阿拉善地毯织造技艺、信仰伊斯兰教的蒙古族服饰、和硕特服饰、蒙古族传统刺绣、熟皮技艺、阿拉善佛教酥油花制作技艺、骆驼奶食品制作技艺、斡日格织造技艺、图勒木制作技艺、蒙古族传统擀毡技艺、阿拉善潮尔制作技艺、酥力稞尔食品制作技艺、阿拉善特色蒙餐——羊杂碎制作、阿拉善马具制作技艺、阿拉善银碗制作技艺、阿拉善铜钉装饰毡艺、毡靴制作技艺	
呼伦贝尔市	根河市	敖鲁古雅鄂温克驯鹿习俗、敖鲁古雅鄂温克族桦树皮制作技艺、敖鲁古雅鄂温克族萨满舞	国家级
		驯鹿文化	自治区级
	海拉尔区	布里亚特马鞍制作	
	莫力达瓦达斡尔族自治旗	曲棍球、鲁日格勒、木春、赞达人	国家级
		刺绣、剪纸、大轱辘车、萨满、猎刀、木库连、赞达人、颈力、摔跤、拌棍、杂酥子用具	市级
兴安盟	突泉县	突泉剪纸技艺、东北二人转	
通辽市	开鲁县	开鲁老白干酒工艺、开鲁柳编、腌制酸菜、麻籽豆腐制作、格豆子制作	
	库伦旗	安代舞、布鲁、库伦民歌、山水传说、科尔沁蒙古剧、根艺、荞麦饮食	

隶属盟市	旗县	非物质文化遗产清单	备注
包头市	东河区	面塑（捏面人）、剪纸	自治区级
		面塑（面锁）、彩绘泥塑、清真茶汤	市级
		茶汤、骨雕、根雕、麻糖	东河区级
		剪纸、六合枕、糖塑	市级
	九原区	乌拉特蒙古民歌《三福》	传统音乐
		高跷	传统舞蹈
		二人台	传统戏曲
		剪纸	传统美术
		布艺画	
		乌拉特蒙古服饰制作技艺、泥人、面塑制作技艺、手扎官灯制作技艺、刺绣技艺	传统技艺
		梅日更蒙古语信俗、乌拉特蒙古婚礼、哈萨尔祭祀、敖包祭祀	民俗
		木版画、墙围画	传统美术
		转九曲	民俗
	昆都仑区	打拉亥秧歌调、传统针灸、哈布图哈萨尔祭祀、传统膏药、纸塑	
	土默特右旗	包头剪纸、二人台、坐腔、二人台牌子曲、民间吹打乐、炕围画、五哥放羊、阴把缠枪	自治区级
		查玛舞、霸王鞭、土默特山曲儿、布贴、篆刻艺术、吴氏太极剑、美岱召庙会、圆锁礼仪、茶汤、麻糖制作技艺、蒙古族年俗（小召子年俗、脑阁、张宽营秧歌）	市级
		烫画、纸鞭、高跷、划旱船、油布画、土右刺绣	旗级
呼和浩特市	赛罕区	新城区满族八角鼓戏	
	新城区	满族太平鼓舞、满足服饰、满族婚礼、古路板龙灯节、青城面塑	自治区级
		青城箱柜画满族医师付国振、满族医师付国振中医按摩养生方、蟠龙山传说故事、仿真微型工艺制作、豪沁营镇剪纸、青城蛋雕	市级
		野马图六月六庆水节	区级
	回民区	回族婚礼、回族撂跤、驼歌	区级
	清水河县	剪纸、布艺	

续表

隶属盟市	旗县	非物质文化遗产清单	备注
赤峰市	红山区	赤峰雅乐、红山剪纸、瓜子张炒货技艺	自治区级
		红山皮影、龙乡绣花鞋、少林十八家拳法、寿星会	市级
		皇箱会、城南对夹	区级
	阿鲁科尔沁旗	蒙古族勒勒车制作技艺、蒙古包制作技艺、马鞍制作技艺、套马杆制作技艺、蒙古马甲制作技艺、蒙古靴制作技艺、奶食品制作技艺、炒米制作技艺、蒙古族奶类食品制作技艺、酿造奶酒技艺、柳编技艺、蒙古族织绣、土坯制作技艺、豆酱制作技艺、草绳制作技艺、毛绳制作技艺、蒙古皮袍制作技艺	
	巴林右旗	荟福寺、康熙行宫、固伦淑惠公主陵、巴林亲王府、辽释迦佛舍利塔、纱布台巴林亲王府、格斯尔庙	
	宁城县	宁城十番乐谱、宁城三座店背歌抬歌	
锡林郭勒盟	阿巴嘎旗	潮尔道——阿巴嘎潮尔	国家级
		策格酸马奶酿制技艺、蒙古象棋传统雕刻技艺	区级
		马头琴泛音演奏法、达格尼敖包祭祀	盟级
	东乌珠穆沁旗	乌珠穆沁长调	世界非物质文化遗产
	多伦县	民间中兽医、马鞍具制作技艺、清真八大碗、多伦县喇嘛庙月饼、铜银器锻造技艺、三官庙会、姑娘湖的传说、回族葬礼、潭源古酒、民间小调、民间剪纸、铁制农具、玛瑙石雕刻技艺、中医推拿按摩术	
	苏尼特左旗	蒙古族刺绣（毡绣技艺）	国家级
		乌兰伊德、苏尼特服饰、蒙古馃子制作技艺（苏尼特饽饽）	区级
		苏尼特制毡技艺、苏尼特式石头烤全羊、苏尼特部落白油、黄油保存技艺、苏尼特传统熟皮制作技艺	盟级
	太仆寺旗	太仆寺旗晋剧、阿斯尔	自治区级
		东路二人台、好来宝、太仆寺旗谚语、太仆寺旗民间剪纸技艺、蒙古毡房制作技艺、莜面制作技艺、草原白酒酿造技艺、察哈尔婚礼、太仆寺旗蒙古葬礼、太仆寺旗左翼群牧正蓝博格达祭祀、太仆寺旗蒙古族牲畜过年仪式、蒙医脑震荡疗法、铁丝编织灯笼技艺、风筝制作技艺	盟级
		董俊年画、蒙古族木雕、马鞍具制作技艺、点燕窝、成三、面塑、墙围画、马头琴制作技艺、蒙古象棋	旗级

隶属盟市	旗县	非物质文化遗产清单	备注
锡林郭勒盟	正镶蓝旗	察哈尔察干伊德制作技艺、察哈尔服饰制作技艺、察哈尔婚礼、察哈尔民歌、柳条编织制作技艺、察哈尔蒙古包制作技艺、蒙古族根雕、巴拉根仓的故事、察哈尔马鞍、阿斯尔音乐、蒙医道木胡那哈疗法、毛毡烙画、正蓝旗神话故事、察哈尔头饰、察哈尔勒勒车制作技艺、察哈尔刺绣、蒙古族—贺乌嘎拉吉、察哈尔骨雕文化、祭敖包文化、蒙古族象棋游戏竞技、察哈尔博克、蒙古族绳艺、蒙古族毡绣、金银器锻造制作技艺、察哈尔烟壶礼节、察哈尔拔罐疗法、察哈尔酸马奶文化、察哈尔蒙古图案剪纸、察哈尔吊马、察哈尔木雕文化、察哈尔长调、察哈尔敖特尔文化、祭天文化、察哈尔颂词、察哈尔牲畜过年仪式、察哈尔祝寿礼节、察哈尔过年礼仪、察哈尔请安问候文化、察哈尔熏皮文化、察哈尔谜语、察哈尔尊敬老人文化、察哈尔送客礼仪、察哈尔祭火文化、祭水泉、察哈尔嘎拉哈游戏、察哈尔布胡勒秀斯文化、察哈尔祭哈达文化、蒙古族昭木宴文化、察哈尔皮绣、贵由赤、察哈尔擀毡制作技艺、察哈尔马印文化、阿音近（长途运输）、察哈尔蒙古禁忌习俗文化、潮尔、蒙古族皮条制作技艺、察哈尔博客衣服、那达慕、察哈尔射箭、察哈尔语言、蒙古族沙疗、蒙古族请《艾日嘎》礼节、蒙古族树木崇拜	
乌兰察布市	后旗	中国阿斯尔音乐之乡、内蒙古察哈尔文化研究开发保护基地、火山文化之乡、崇祀文化之乡、敖包文化之乡、毛植文化之乡	
	凉城	鸿茅药业	
巴彦淖尔市	磴口县	《莲花生镇压妖魔》阿贵庙传说故事、后套歇后语、河套民歌、河套布艺、月饼模具雕刻、后套硬四盘	

资料来源：由调研资料整理而成。

（六）内蒙古自治区级县域示范小城镇

内蒙古自治区各旗县的地方区域品牌发展也日渐繁荣起来，在所调查的 102 个旗县中，截至 2014 年底共有自治区级县域示范小城镇 28 个，分布在 11 个盟市的 19 个旗县区中。这些小城镇不仅具有独特的地域特色，同时也是旗县区地方形象的重要体现。

表4－3 截至2014年底各旗县自治区级县域示范小城镇

盟市	旗县	小城镇名称	小镇数量
呼和浩特市	和林格尔县	城关镇	1
	新城区	保合少镇	1
	回民区	攸攸板镇	1
呼伦贝尔市	牙克石市	塔尔气镇	1
兴安盟	乌兰浩特	义勒力特镇	1
赤峰市	巴林左旗	林东镇	1
	巴林右旗	索博日嘎镇	1
	克什克腾旗	经棚镇	1
	喀喇沁旗	王爷府镇	1
	宁城县	八里罕镇、汐子镇	2
锡林郭勒盟	西乌珠穆沁旗	巴拉嘎尔高勒	1
乌兰察布市	商都县	小海子镇	1
	察右中旗	科布尔镇、铁沙盖镇、乌素图镇	3
	卓资县	卓资山镇、旗下营镇	2
鄂尔多斯市	鄂托克前旗	上海庙镇、城川镇	2
	准格尔旗	薛家湾镇、沙圪堵镇、龙口镇杜家峁村	3
巴彦淖尔市	临河区	新华镇、狼山镇	2
乌海市	乌达区	乌兰淖尔镇	1
阿拉善盟	阿拉善右旗	巴丹吉林镇、阿腾敖包村镇	2

资料来源：由调研资料整理而成。

（七）县域文化品牌

此外，各旗县区拥有不等数量的县域文化品牌、县域名胜品牌和县域景观品牌，据统计，在102个旗县区中共有县域文化品牌104个、县域名胜品牌73个、县域景观品牌118个；不仅如此，不同的旗县还有一些能够反映当地特色的特殊的称谓或广告语，这些特殊称谓和广告语多达145条。

表4-4 内蒙古自治区部分旗县地方区域品牌发展情况概况

旗县	盟市	县域文化品牌	县域名胜品牌	县域景观品牌	特殊的称谓或广告语
阿巴嘎旗	锡林郭勒	瑙敏阿巴嘎哈日阿都文化节策格文化	查干淖尔湖浑善达克沙地	成吉思汗宝格都山阿巴嘎岩画	内蒙古潮尔道文化之乡、别力古台部落文化传承基地、内蒙古哈日阿都文化之乡、内蒙古策格文化之乡
东乌珠穆沁旗		乌珠穆沁长调故乡、博克手摇篮	乌珠穆沁肥尾羊额吉淖尔大青盐	乌里雅斯太山景区、乃林郭勒旅游区、宝格达山景区	乌珠穆沁肥尾羊原产地
锡林浩特		国际旅游文化节	贝子庙	锡林草原地质公园	中国马都
正镶蓝旗		中国察干伊德文化之乡、中国察干伊德文化传承基地	元上都遗址	阿格腾艾里国家2A级景区	走进元上都美在正蓝旗
扎赉特旗	兴安盟	诃额仑圣母祭祀文化之乡、扎赉特部落文化之乡	金界壕（金长城）遗址、辽金古城遗址	图牧吉国家级自然保护区（国家AAA级）、达嘎图山（庙）旅游景区（国家AA级）、天府园旅游景区（国家AA级）	长调民歌
阿拉善左旗	阿拉善盟	苍天的羔羊诗歌大赛、石琴音乐会、骆驼那达慕、阿拉善玉·观赏石	广宗寺	腾格里沙漠、贺兰山	苍天圣地
达拉特旗	鄂尔多斯	达拉特百日消夏	昭君城、窝阔台、秦直道	响沙湾、恩格贝	鱼米之乡
准格尔旗		慢瀚调	十二连城遗址、集子圪旦遗址、准格尔召	黄河大峡谷	慢瀚调艺
海南区	乌海市	消夏文化艺术节	满巴拉僧庙	阳光田宇国际酒庄	北方有一

旗县	盟市	县域文化品牌	县域名胜品牌	县域景观品牌	特殊的称谓或广告语
和林格尔县	呼和浩特	蒙牛乳业、蒙草抗旱、剪纸评为世界非物质文化遗产名录	北魏故都	蒙牛工业旅游园区、南山生态文化旅游园区	剪纸艺术
回民区		青山绿水美丽西城文化旅游节	乌素图召、乌兰夫纪念馆	东乌素图新农村、伊斯兰风情街、成吉思汗蒙元文化风情街	美丽西城
清水河县		长城文化节、黄河河灯节、力曲灯游会	北堡明长城遗址	老牛湾黄河大峡谷	黄河大峡谷、奇美老牛
集宁区	乌兰察布市	察哈尔文化	老虎山公园	霸王河上公园、白泉山生态	中国薯都、草原皮都、草原避暑之都
商都县		古驿七台、魅力水潄广场艺术节	奥淳酒业	水潄神驹	一杯奥淳酒、真情十六年
卓资县		草原夏都、避暑胜地	红召九龙湾森林旅游区	大黑河景观工程、九区山生态公园	熏鸡之都、图书之城、田径之乡
阿鲁科尔	赤峰市	蒙古族汗廷音乐、蒙古族游牧文化	跟培苗、巴拉奇如德庙、宝迪山	博物馆现代草原观光旅游区根培庙巴拉奇如德罕庙蒙古汗廷音乐高格斯台罕乌拉原生态旅游区	中国草都、蒙古族汗廷文化活化石、全国重要农业文化遗产地
巴林左旗		辽文化形象标识（Logo）	召苗、博物馆	辽真寂之寺	巴林左旗辽文化的发祥地
巴林右旗		中国格斯尔文化之乡、中国民间文化之乡、中国好来宝之乡	巴林石国家矿山公园	国家级自然保护区赛罕乌拉	辽风蒙俗巴林石、湖光山色草原风
宁城县		辽中京（辽文化）	辽中京	大明塔	塞外酒乡

旗县	盟市	县域文化品牌	县域名胜品牌	县域景观品牌	特殊的称谓或广告语
新巴尔虎	呼伦贝尔	蒙古族长调	甘珠尔庙、诺门罕战役遗址、巴尔虎蒙古部落	乌力吉图阿尔山、毛盖图宝东山	阳光草原、长调之乡
鄂伦春		鄂伦春篝火节	拓跋鲜卑民族文化园	布苏里景区	中华文明北五源
鄂温克族		鄂温克叙事民歌（国家级非物质文化遗产）	红花尔基樟子松国家森林公园（4A）、巴彦呼硕景区	红花尔基樟子松国家森林公园（4A）、巴彦呼硕景区（3A）	"敖包相会的地方"、"吉祥三宝的故乡"、"一个被世界传唱的地方"、"中国鄂温克·原生态呼伦贝尔"
磴口	巴彦淖尔市	磴口县华莱士瓜节	三圣公黄河水利枢纽	三圣公水利枢纽工程、纳林湖景区	百湖之乡
临河		临河区消夏文化艺术节	甘露寺3A级景区	黄河河套文化旅游区4A级景区	塞外明珠
土默特右旗	包头市	中国二人台文化之乡	美岱召景区	九峰山、大雁滩	中国二人台文化之乡

资料来源：由调研资料整理而成。

（八）待开发旅游品牌资源

另外，在所调查的旗县中目前已注册商标实际开始经营的5A级旅游景区有3个，4A级旅游景区60个，3A级旅游景区84个。而未来可形成旅游品牌但现在还未注册商标的景区或景点有175处。同时，各旗县区政府也通过央视媒体推广、地市级媒体推广、硬性广告、拍摄总体宣传片或专题宣传片等方式对外进行区域品牌形象的宣传和推广，以使当地的旅游品牌能够被更多的人所熟知。上述县域旅游资源的存在也促进了当地旅游企业集团的发展，截止到2014年底，在所调研的旗县中共有75个这样的集团。

表 4-5　内蒙古自治区旗县区各级旅游景区及其他旅游品牌概览

旗县	5A级旅游景区（个）	4A级旅游景区（个）	3A级旅游景区（个）	未来可形成旅游品牌但现在还未注册商标的景区或景点数量（个）	未来可形成旅游品牌但现在还未注册商标的景区或景点具体名单
阿巴嘎旗			1		
东乌珠穆沁旗			1		
多伦县		1		1	汇宗寺
二连浩特			2		伊林驿站博物馆、恐龙博物馆
黄旗			1		鸿格尔乌拉山
苏尼特右旗			3		温都尔阿尔善度假中心、苏尼特王府博物馆、草原今朝干肉
太仆寺旗		1		1	苍狼秘境野生动物园
西乌珠穆沁旗			1		
锡林浩特		1	1	1	中国马都广场
正镶蓝旗			1	1	元上都遗址
正镶白旗			1		金沙湖
阿尔山				2	内蒙古大兴安阿尔山旅游开发有限责任公司、阿尔山海神圣泉旅游疗养有限责任公司
科右前旗			1	1	乌兰河腾格尔塔拉景区
科右中旗			1	2	翰嘎利——五角枫旅游度假区、莱德马业马匹繁育中心
突泉县			2	1	突泉县老头山景区
乌兰浩特			2		
扎赉特旗			1	6	神山生态旅游景区、绰勒湖生态旅游景区、树沟河谷森林草原旅游景区、王爷府民族博物馆等
阿拉善右旗		1		2	曼德拉山岩画、海森楚鲁怪石
阿拉善左旗		2	3	2	广宗寺旅游区、福因寺旅游区
额济纳旗		1		3	怪树林——黑城、居延海、老人湖
达拉特旗	1	4	3	1	鄂尔多斯邦城马文化旅游公司
东胜区		3	2	1	东联秦道城旅游景区
鄂托克旗		2			

续表

旗县	5A级旅游景区（个）	4A级旅游景区（个）	3A级旅游景区（个）	未来可形成旅游品牌但现在还未注册商标的景区或景点数量（个）	未来可形成旅游品牌但现在还未注册商标的景区或景点具体名单
鄂托克前旗		3	1	4	鄂尔多斯沙漠大峡谷、希泊尔草原、宥州古城、榆树壕
杭锦旗		2	2		
康巴什新区		2		3	乌兰木伦景观湖区，鄂尔多斯婚庆文化园，千亭山文化景区
乌审旗		2	3	4	沙漠天水、陶日木庙、乌审召旅游区、天思旅游度假村
准格尔旗		4		2	黄河大峡谷、油松王
海南区			1	2	阳光田宇国际酒庄、赛汗乌素旅游度假村
乌达区	2	2	2	2	乌兰淖尔旅游景区、胡杨岛旅游景区
通辽市科尔沁区			2	4	莫力庙种羊场农家乐、莫力庙水库渔家乐、莫力庙金驹坡草原度假村、鑫奇生态农庄
霍林郭勒市		1	1		
开鲁县			3		
科尔沁左翼中旗		1	1	2	哈民遗址旅游区、珠日河游区
科尔沁左翼后旗		1		3	阿古拉草原旅游景区、草原沙漠旅游景区、乌旦他拉旅游景区
库伦旗				1	中国库伦银沙湾景区
奈曼旗				1	宝古图沙漠旅游区
扎鲁特旗			1	2	扎鲁特旗誉泉山生态旅游区、南宝力皋吐古遗址公园
和林格尔县		1	1	4	蒙羊、蒙树、蒙草、盛乐百亭园
新城区		1	2	4	将军衙署、内蒙古博物院、草原马汇、万亩森林公园
回民区			3	1	乌素图召景区
清水河县		1	1	1	北堡明长城

旗县	5A级旅游景区（个）	4A级旅游景区（个）	3A级旅游景区（个）	未来可形成旅游品牌但现在还未注册商标的景区或景点数量（个）	未来可形成旅游品牌但现在还未注册商标的景区或景点具体名单
托县		1	0	1	瑞沃葡萄生态庄园
武川县			1	3	淖尔梁高山湿地草原、红色旅游景区、牌楼馆景区
玉泉区		1		7	
察右后旗				1	乌兰哈大火山草原景区
化德县				3	化德县黄羊滩、化德县民乐淖、化德县秋灵沟
集宁区		1	1	4	卧龙山公园、察哈尔民俗博物馆、红色旅游文化儿童活动教育基地、集宁战役纪念馆
察右前旗				1	蒙欣观光采摘园
商都县				2	商都县大石架冰川石林公园、商都县十八顷镇小庙子嘎查民俗文化旅游村
四子王旗		1		2	四王子部落郡王府、希拉牧伦庙
察右中旗				3	辉腾锡勒旅游区，库伦苏木民俗旅游区，乌兰苏木白桦林旅游区
卓资县			1	5	耕文化影视旅游村、大榆树、"林胡古寨"旅游区、红召九龙湾山水森林旅游区
松山区			1		
元宝山区				1	小五家辽文化生态旅游区
阿鲁科尔				24	博物馆、现代草原观光旅游区、根培庙、巴拉奇如德庙、罕庙、蒙古汗廷音乐、高格斯台罕乌拉原生态旅游区、巴彦花水库旅游区、百兴图草原民族风情旅游区、阿日宝力格民族村寨和沙湖旅游区、宝力高湖景区、哈日朝鲁湖景区、浑尼图（天鹅湖）阿日宝力高沙湖景区、代白乌苏采摘园、天山口镇农业休闲体验区、达拉哈草原生态旅游区、宝迪山

旗县	5A级旅游景区（个）	4A级旅游景区（个）	3A级旅游景区（个）	未来可形成旅游品牌但现在还未注册商标的景区或景点数量（个）	未来可形成旅游品牌但现在还未注册商标的景区或景点具体名单
巴林左旗			1	2	辽上京国家考古遗址公园、辽祖陵祖州国家考古遗址公园
巴林右旗			2	3	巴林石、赛罕乌拉德日苏宝冷
克什克腾		2	1		
翁牛特旗				1	翁牛特旗红山湖旅游开发有限责任公司
喀喇沁旗		1			
宁城县		1	1		
敖汉旗				2	清泉谷、塞外温泉
陈巴尔虎		1		1	呼伦贝尔草原国家公园
新巴尔虎		1	2	3	伊和乌拉景区、诺干湖区景区、道乐都
额尔古纳		1		4	蒙古之源·蒙兀室韦民族文化园、草原在这里、黑山头古城遗址
鄂伦春		1			
鄂温克族		1	1		
根河市			2		
海拉尔区				8	世界反法西斯战争海拉尔纪念园、海拉尔国家森林公园、海拉尔农业发展园区
莫力达瓦		1	1		
牙克石市			2		
扎兰屯市		1	1	1	吊桥公园
磴口		1	3	3	万泉湖、纳林湖、阿贵庙
杭锦后旗			3	2	乌拉不和沙漠景区
临河		1	2	3	甘露寺3A级景区、巴彦淖尔地质博物馆3A级景区、巴彦淖尔文博院
乌拉特前旗		1	2	2	乌梁素海、乌拉山国家森林公园
五原				3	河套农耕文化博览苑、新启源农家乐、河套农家乐

续表

旗县	5A级旅游景区（个）	4A级旅游景区（个）	3A级旅游景区（个）	未来可形成旅游品牌但现在还未注册商标的景区或景点数量（个）	未来可形成旅游品牌但现在还未注册商标的景区或景点具体名单
东河区		1	1	1	包头市莲花山景区
固阳县			1	6	三山两城水库、春坤山、大仙山、马鞍山、秦长城、怀朔古城、阿塔山水库
九原区		1	1	3	煜浓院种养殖合作社、信步闲庭农庄、梅力更古德艾丽牧家乐
昆都仑区			1		
青山区		1		1	包头中域·国际城（奥特莱斯名牌折扣城）
石拐区		1		1	五当召景区
土默特右旗		1	1	3	大雁滩景区、敕勒川博物馆、美岱召
合计	3	60	84	175	

资料来源：由调研资料整理而成。

表4-6 内蒙古自治区各旗县区旅游企业集团一览表

旗县	龙头旅游企业集团（个）	具体名单
二连浩特	6	二连国旅、二连中旅、二连青年旅行社、二连铁旅、二连伊林国际旅行社
正镶蓝旗	1	正蓝旗元上都民族文化特色产业园
阿尔山	3	内蒙古大兴安阿尔山旅游开发有限责任公司；阿尔山海神圣
突泉县	1	突泉县华珠生态旅游开发有限责任公司
阿拉善右旗	1	内蒙古巴丹吉林旅游开发有限公司
额济纳旗	2	阿拉善兆通禾天下文化旅游公司额济纳分公司、额济纳金
达拉特旗	1	内蒙古响沙湾旅游集团公司
东胜区	1	鄂尔多斯市九成宫旅游景区开发有限责任公司
鄂托克前旗	3	内蒙古兴宇旅游投资有限公司、上海庙旅游开发有限公司
杭锦旗	1	杭锦旗七星湖景区
康巴什新区	1	内蒙古康巴什文化产业投资集团有限公司
乌达区	1	乌海市吉奥尼葡萄酒业有限公司

续表

旗县	龙头旅游企业集团（个）	具体名单
通辽市科尔沁区	8	莫力庙水库旅游区、吉祥密乘大乐林寺、科尔沁博物馆、罕山餐饮集团、广发草原餐饮集团、康辉国际旅行社、环宇国际旅行社、阳光国际旅行社
霍林郭勒市	3	观音山旅游景区、辉特淖尔草原旅游区、鑫丰乐餐饮有限公司
和林格尔县	2	蒙牛乳业集团、蒙草抗旱集团
回民区	1	内蒙古蒙亮民贸有限责任公司
清水河县	1	老牛湾山峡文化旅游投资有限公司
托克托县	1	内蒙古神泉生态旅游有限公司
集宁区	1	内蒙古草原肉食品有限公司、内蒙古民丰薯业有限公司
商都县	1	不冻河旅游生态园
四子王旗	1	内蒙古四子王旗葛根塔拉草原旅游有限责任公司
察右中旗	1	内蒙古辉腾锡勒文化旅游股份有限公司
红山区	2	赤峰道谷观光农业有限公司、契丹文化旅游投资有限公司
巴林左旗	1	赤峰契丹旅游有限责任公司
翁牛特旗	1	
宁城县	1	宁城天宇旅游开发有限公司
额尔古纳	2	莫尔道嘎原生态旅游区、蒙源旅游文化有限公司
鄂伦春	1	布苏里景区
鄂温克族	2	呼伦贝尔林业集团（红花尔基樟子松国家森林公园（4A））
根河市	2	呼伦贝尔业业集团、根河假日旅游公司
海拉尔区	7	呼伦贝尔运通旅行社（注册品牌"草原味道"）、呼伦贝尔旅游集团（注册品牌"呼伦贝尔旅游集团"）、呼伦贝尔天骄旅行社（注册品牌"天骄"）、呼伦贝尔光大旅行社、呼伦贝尔中国国际旅行社、呼伦贝尔康辉旅行社、呼伦贝尔青年旅行社
牙克石市	1	牙克石市林城凤凰旅游有限公司
扎兰屯市	1	金龙山滑雪场有限责任公司
杭锦后旗	1	河套酒业集团
临河	1	中润黄河旅游有限责任公司
乌拉特中旗	3	温更塔拉、牧人之家、西郊绿色生态庄园
东河区	1	春秋旅行社
九原区	3	包头市梅力更生态环境开发有限公司、青鸟养生庄园、大圣鹿源
土默特右旗	3	包头裕达实业有限责任公司、内蒙古骆驼酒业股份有限公司、内蒙古辛集国际皮革城有限公司

资料来源：由调研资料整理而成。

（九）内蒙古自治区名牌产品

另外，2012～2014 年共有 215 家企业的 312 个产品被内蒙古自治区质量奖审定委员会授予"内蒙古名牌产品"称号，有 15 家企业获得内蒙古主席质量奖。在获得内蒙古主席质量奖的 15 家（2012～2014 年）企业里，仅有 9 家同时拥有驰著名商标，而在获得内蒙古名牌产品的 215 家（2012～2014 年）企业里，仅有 107 家同时拥有驰名、著名商标。因此，驰名、著名商标的品牌资源还有待进一步挖掘，其最大的潜力在工程类企业中，驰名、著名商标基本不涵盖工程类企业。内蒙古名牌产品、内蒙古自治区主席质量奖、驰著名商标在第二产业，特别是农畜产品加工业里重合度较高，这与自治区资源禀赋、产业发展现状是一致的。由此可以看出，目前自治区的驰名、著名商标的品牌资源还有待进一步挖掘。

表 4 - 7　内蒙古名牌产品企业名录（2012～2014 年）

内蒙古自治区名牌产品企业	评定年份	内蒙古自治区名牌产品企业	评定年份
内蒙古冀东水泥有限责任公司	2012	内蒙古干哥俩食品有限公司	2014
包头市玺骏稀土有限责任公司	2012	赤峰市元宝山区红衫湖羊绒制品有限责任公司	2014
包头市科电电器制造有限公司	2012	赤峰远联钢铁有限责任公司	2014
包头申大机械制造有限公司	2012	赤峰山水远航水泥有限公司	2014
包头市宏幸皮业有限责任公司	2012	正蓝旗蒙古包厂	2014
包头市中兴盛元科技发展有限公司	2012	锡林郭勒盟蓝天牧业发展有限责任公司	2014
内蒙古东方荣盛门窗幕墙有限公司	2012	东乌珠穆沁旗草原东方肉业有限责任公司	2014
雅化集团内蒙古柯达化工有限公司	2012	丰镇市恩宝食品有限公司	2014
内蒙古草原牧歌餐饮连锁股份有限公司	2012	内蒙古蒙维科技有限公司	2014
北重安东机械制造有限公司	2012	乌兰察布市集宁区红山怡葡萄酒有限公司	2014
包头市翔源节能材料有限责任公司	2012	内蒙古蒙西高分子材料有限公司	2014
海拉尔蒙西水泥有限公司	2012	内蒙古双欣环保材料股份有限公司	2014
野老大饮品有限公司	2012	内蒙古鄂尔多斯联合化工有限公司	2014
呼伦贝尔市乐佳散热器制造有限责任公司	2012	内蒙古鄂尔多斯电力冶金股份有限公司氯碱化工分公司	2014
通辽市美林实业有限公司	2012	鄂尔多斯市东胜区溢胜食品有限责任公司	2014

内蒙古自治区名牌产品企业	评定年份	内蒙古自治区名牌产品企业	评定年份
内蒙古百年酒业有限责任公司	2012	鄂尔多斯市旭和畜牧有限责任公司	2014
阿鲁科尔沁旗鑫天山水泥集团有限公司	2012	鄂尔多斯市高原圣果生态建设开发有限公司	2014
赤峰华源毛业有限公司	2012	内蒙古美洋洋食品有限公司	2014
赤峰中色锌业有限公司	2012	内蒙古双福面业有限责任公司	2014
赤峰市天山农牧业机械有限责任公司	2012	杭锦后旗陕坝镇北城区跃进植物榨油厂	2014
内蒙古白雁湖化工股份有限公司	2012	内蒙古金利源种业有限公司	2014
内蒙古兴和县兴隆食品有限责任公司	2012	内蒙古宜化化工有限公司	2014
鄂尔多斯市是响沙酒业有限公司	2012	阿拉善盟明昇食品饮料有限公司	2014
王致和集团鄂尔多斯市天骄食品有限公司	2012	内蒙古太仆寺旗草原酿酒有限责任公司	2013
内蒙古鄂尔多斯市东华羊绒精纺织有限公司	2012	内蒙古太西煤集团股份有限公司	2014
内蒙古宜化化工有限公司	2012	燕京啤酒（赤峰）有限责任公司	2014
乌海海亮塑胶有限公司	2012	内蒙古食乐康食品有限公司	2014
内蒙古新通领线缆有限公司	2012	赤峰套马杆酒业有限公司	2013
乌海市海美斯陶瓷科技有限公司	2012	内蒙古顺鑫宁城老窖酒业有限公司	2014
内蒙古兰太实业股份有限公司	2012	内蒙古东方万旗肉牛产业有限公司	2014
阿拉善达康三四氯乙烯有限公司	2012	内蒙古辽中京化工有限责任公司	2014
内蒙古太西煤集团兴泰煤化有限责任公司	2012	内蒙古嘉利节水灌溉有限责任公司	2014
内蒙古新亚化工有限公司	2012	苏尼特左旗乔宇肉食品有限公司	2013
满洲里呼伦湖罐头食品有限公司	2012	锡林郭勒盟呼德阿伦食品有限公司	2014
中海石油天野化工股份有限公司	2013	内蒙古正镶白旗蒙盛肉类有限公司	2014
内蒙古泰利达乳业有限公司	2013	内蒙古阿里河华洋电工层压木有限责任公司	2014
内蒙古巧妈妈酿造食品有限公司	2013	根河板业有限责任公司	2014
内蒙古健隆生化有限公司	2013	呼伦贝尔海乳业有限公司	2014
呼和浩特市金鼎门窗有限责任公司	2013	呼伦贝尔市金纳河酒业有限公司	2013
包头市普特钢管有限公司	2013	呼伦贝尔市海拉尔区贝伦实业有限责任公司	2012
内蒙古金海新能源科技股份有限公司	2013	牙克石市图里河人造板有限公司	2012

内蒙古自治区名牌产品企业	评定年份	内蒙古自治区名牌产品企业	评定年份
包头市丰达石油机械有限责任公司	2013	内蒙古新谷园生态农业有限公司	2014
北重安东机械制造有限公司	2013	内蒙古蓝海矿泉水有限责任公司	2013
包头北方工程机械制造有限责任公司	2013	内蒙古科尔沁王酒业有限责任公司	2013
包头市豪迈电缆制造有限公司	2013	兴安盟草原盛业米业有限公司	2014
包头北方专用汽车有限责任公司	2013	乌兰浩特中蒙制药有限公司	2013
包钢集团电气有限公司	2013	乌兰浩特红云酒业有限责任公司	2013
包头市太阳满都拉电缆有限公司	2013	阿拉善宇联纺织原料有限公司	2012
内蒙古小尾羊食品有限公司	2013	阿拉善左旗驼中王绒毛制品有限责任公司	2013
饲料有限公司农标普瑞纳（内蒙古）	2013	内蒙古太西煤集团股份有限公司	2014
扎兰屯蓝林食品有限责任公司	2013	阿拉善盟华雨粮油工贸有限责任公司	2014
呼伦贝尔合适佳食品有限公司	2013	内蒙古东达羊绒制品有限公司	2013
内蒙古鼎旺粮油加工有限公司	2013	内蒙古鄂尔多斯酒业集团有限公司	2014
乌兰浩特市雪峰面粉有限责任公司	2013	鄂托克旗隆诚化工有限责任公司	2014
内蒙古清谷新禾有机食品集团有限责任公司	2013	内蒙古高原杏仁露有限公司	2012
霍林郭勒阿拉腾高哈餐饮有限责任公司	2013	内蒙古农乡丰工贸有限公司	2014
内蒙古旺牛食品有限公司	2013	内蒙古五湖泵业有限公司	2012
牧谷养道科技股份有限公司	2013	乌海市西水水泥有限责任公司	2013
奈曼旗华宝麦饭石系列产品有限公司	2013	内蒙古乌海化工有限公司	2013
赤峰恒裕型钢有限公司	2013	乌海市精诚机械制造有限公司	2012
内蒙古敖汉华海酒业有限公司	2013	内蒙古御膳春酒业有限公司	2013
赤峰弘坤蒙野酒业有限公司	2013	内蒙古春雪羊绒有限公司	2012
赤峰市盛森硅业科技发展有限公司	2013	巴彦淖尔市冠生园食品有限公司	2013
内蒙古林西县老三区杂粮工贸有限公司	2013	巴彦淖尔市飞虹饲料科技有限公司	2013
内蒙古独伊佳食品有限公司	2013	内蒙古蒙鑫伊族肉食品有限公司	2013
林西冷山糖业有限责任公司	2013	包头市北辰饲料科技有限公司	2013
内蒙古大牧场食品有限公司	2013	包头西蒙皮业服饰有限公司	2014
内蒙古沐禾金土地节水工程设备有限公司	2013	内蒙古正北食品有限公司	2012
赤峰华源毛业有限公司	2013	包头市金鹿油脂有限责任公司	2012
正镶白旗苏和牧业机械制造厂	2013	包头东宝生物技术股份有限公司	2012

内蒙古自治区名牌产品企业	评定年份	内蒙古自治区名牌产品企业	评定年份
内蒙古锡林郭勒肉食品有限责任公司	2013	包头市天赋食品有限公司	2013
内蒙古小肥羊肉业有限公司	2013	包头华美稀土高科有限公司	2014
多伦县玛瑙工艺品厂	2013	包头转龙酒业有限责任公司	2013
内蒙古化德酿酒有限责任公司	2013	内蒙古圣鹿源生物科技股份有限公司	2013
丰镇海鹏食品厂	2013	内蒙古包钢钢联股份有限公司	2014
乌兰察布市雄鹰蔬菜加工有限公司	2013	内蒙古北方重工业集团有限公司	2014
内蒙古星华源食品有限责任公司	2013	内蒙古玉王生物科技有限公司	2013
内蒙古双欣环保材料股份有限公司	2013	科左中旗昌盛肥业有限责任公司公司	2014
内蒙古东达生物科技有限公司	2013	内蒙古谷道粮原农产品有限责任公司	2014
巴彦淖尔市草原晶鑫食品有限责任公司	2013	内蒙古蒙古王实业股份有限公司	2012
燕京内蒙古金川保健啤酒高科技有限公司	2013	内蒙古老哈河粮油工业有限责任公司	2013
内蒙古乌兰布和乳业有限公司	2013	内蒙古皓海化工有限责任公司	2013
内蒙古恒丰食品工业股份有限公司	2013	内蒙古威林酒业有限公司	2012
内蒙古巴彦淖尔市豪固科技发展有限公司	2013	内蒙古欣裕华线缆有限责任公司	2014
巴彦淖尔市帅祥管业有限责任公司	2013	内蒙古永业农丰生物科技有限责任公司	2013
内蒙古君正化工有限责任公司	2013	呼和浩特市天美华乳食品有限公司	2014
乌海市欣业化工有限公司	2013	内蒙古精诚高压绝缘子有限责任公司	2013
乌海黑猫炭黑有限责任公司	2013	呼和浩特华欧淀粉制品有限公司	2013
乌海蓝星玻璃有限公司	2013	内蒙古乾坤金银精炼股份有限公司	2013
内蒙古金沙葡萄酒业有限公司	2013	内蒙古正隆谷物食品有限公司	2014
内蒙古兰太实业股份有限公司	2013	内蒙古康太光学眼镜连锁有限公司	2013
内蒙古晨宏力化工有限责任公司	2013	内蒙古光太铝业有限公司	2012
中盐吉兰泰盐化集团有限公司	2013	内蒙古凯帝斯电梯制造有限公司	2012
内蒙古维克多利纸业股份有限公司	2014	察右后旗康鑫绒毛制品有限责任公司	2013
内蒙古优牧特农牧科技股份有限公司	2014	乌兰察布市集宁雪原乳业有限公司	2013
内蒙古中储粮面业有限公司	2014	内蒙古奥淳酒业有限公司	2013
包头青山电器设备有限公司	2014	四子王旗民族贸易有限公司	2013
内蒙古包钢稀土（集团）高科技股份有限公司	2014	内蒙古塞飞亚农业科技发展股份有限公司	2013
包头瑞鑫稀土金属材料股份有限公司	2014	锡林郭勒盟红井源油脂有限责任公司	2013

续表

内蒙古自治区名牌产品企业	评定年份	内蒙古自治区名牌产品企业	评定年份
内蒙古华德牧草机械有限责任公司	2014	内蒙古汉森酒业集团有限公司	2012
呼伦贝尔市中荣食品有限公司	2014	维信（内蒙古）羊绒集团有限公司	2013
呼伦贝尔东北阜丰生物科技有限公司	2014	包头吉泰稀土铝业股份有限公司	2012
内蒙古科沁万佳食品有限公司	2014	内蒙古红太阳食品有限公司	2013
内蒙古恒正集团保安沼农工贸有限公司	2014	内蒙古大唐药业有限公司	2013
通辽市惠群生物肥业有限责任公司	2014	金河生物科技股份有限公司	2013
内蒙古凌志马铃薯科技股份有限公司	2014	内蒙古二龙屯有机农业有限责任公司	2012
敖汉旗星斗香油有限公司	2014	三主粮集团股份公司	2014
赤峰蒙森农产品开发有限责任公司	2014		

表4-8　2012～2014年获内蒙古自治区主席质量奖企业

企业名称	产品类别	获奖年度
内蒙古伊利实业集团股份有限公司	产品类	2014
内蒙古北方重型汽车股份有限公司	产品类	2014
内蒙古东达生物科技有限公司	产品类	2014
中冶东方控股有限公司	工程类	2014
内蒙古永业农丰生物科技有限责任公司	服务类	2014
内蒙古和信园蒙草抗旱绿化股份有限公司	服务类	2013
通辽梅花生物科技有限公司	产品类	2013
内蒙古鹿王羊绒有限公司	产品类	2013
内蒙古蒙西水泥股份有限公司	产品类	2013
内蒙古包头兴业集团股份有限公司	工程类	2013
内蒙古包钢稀土（集团）高科技股份有限公司	产品类	2012
内蒙古鄂尔多斯资源股份有限公司	产品类	2012
内蒙古汉森酒业集团有限公司	产品类	2012
内蒙古巨华集团大华建筑安装有限公司	工程类	2012
包商银行股份有限公司	服务类	2012

表4-9 2012～2014年度内蒙古自治区同时拥有驰著名商标的
名牌产品（或主席质量奖）企业名录

企业名称	企业名称
内蒙古太仆寺旗草原酿酒有限责任公司	科左中旗昌盛肥业有限责任公司
内蒙古太西煤集团股份有限公司	内蒙古谷道粮原农产品有限责任公司
燕京啤酒（赤峰）有限责任公司	内蒙古蒙古王实业股份有限公司
内蒙古食乐康食品有限公司	内蒙古老哈河粮油工业有限责任公司
赤峰套马杆酒业有限公司	内蒙古皓海化工有限责任公司
内蒙古顺鑫宁城老窖酒业有限公司	内蒙古威林酒业有限责任公司
内蒙古东方万旗肉牛产业有限公司	内蒙古欣裕华线缆有限责任公司
内蒙古辽中京化工有限责任公司	内蒙古永业农丰生物科技有限责任公司
内蒙古嘉利节水灌溉有限责任公司	呼和浩特市天美华乳食品有限公司
苏尼特左旗乔宇肉食品有限公司	内蒙古精诚高压绝缘子有限责任公司
锡林郭勒盟呼德阿伦食品有限公司	呼和浩特华欧淀粉制品有限公司
内蒙古正镶白旗蒙盛肉类有限责任公司	内蒙古乾坤金银精炼股份有限公司
内蒙古阿里河华洋电工层压木有限责任公司	内蒙古正隆谷物食品有限公司
根河板业有限责任公司	内蒙古康太光学眼镜连锁有限公司
呼伦贝尔海乳乳业有限责任公司	内蒙古光太铝业有限公司
呼伦贝尔市古纳河酒业有限责任公司	内蒙古凯帝斯电梯制造有限公司
呼伦贝尔市海拉尔区贝伦实业有限责任公司	察右后旗康鑫绒毛制品有限责任公司
牙克石市图里河人造板有限责任公司	乌兰察布市集宁雪原乳业有限公司
内蒙古新谷园生态农业有限公司	内蒙古奥淳酒业有限公司
内蒙古蓝海矿泉水有限公司	四子王旗民族贸易有限公司
内蒙古科尔沁王酒业有限责任公司	内蒙古塞飞亚农业科技发展股份有限公司
兴安盟草原盛业米业有限公司	锡林郭勒盟红井源油脂有限责任公司
乌兰浩特中蒙制药有限公司	内蒙古汉森酒业集团有限公司
乌兰浩特红云酒业有限责任公司	维信（内蒙）羊绒集团有限公司
阿拉善宇联纺织原料有限公司	包头吉泰稀土铝业股份有限公司
阿拉善左旗驼中王绒毛制品有限责任公司	内蒙古红太阳食品有限公司
内蒙古太西煤集团股份有限公司	内蒙古大唐药业有限公司
阿拉善盟华雨粮油工贸有限责任公司	金河生物科技股份有限公司
内蒙古东达羊绒制品有限公司	内蒙古二龙屯有机农业有限公司
内蒙古鄂尔多斯酒业集团有限公司	三主粮集团股份公司
鄂托克旗隆诚化工有限责任公司	内蒙古草原牧歌餐饮连锁股份有限公司
内蒙古高原杏仁露有限公司	海拉尔蒙西水泥有限公司
内蒙古农乡丰工贸有限公司	野老大饮品有限公司
内蒙古五湖泵业有限公司	呼伦贝尔市乐佳散热器制造有限责任公司

企业名称	企业名称
乌海市西水水泥有限责任公司	通辽市美林实业有限公司
内蒙古乌海化工有限公司	内蒙古百年酒业有限责任公司
乌海市精诚机械制造有限责任公司	鄂尔多斯市响沙酒业有限责任公司
内蒙古御膳春酒业有限责任公司	内蒙古太西煤集团兴泰煤化有限责任公司
内蒙古春雪羊绒有限公司	中海石油天野化工股份有限公司
巴彦淖尔市冠生园食品有限责任公司	扎兰屯蓝林食品有限责任公司
巴彦淖尔市飞虹饲料科技有限公司	内蒙古清谷新禾有机食品集团有限责任公司
内蒙古蒙鑫伊族肉食品有限公司	奈曼旗华宝麦饭石系列产品有限公司
包头市北辰饲料科技有限责任公司	赤峰弘坤蒙野酒业有限责任公司
包头西蒙皮业服饰有限公司	内蒙古独伊佳食品有限公司
内蒙古正北食品有限公司	林西冷山糖业有限责任公司
包头市金鹿油脂有限责任公司	内蒙古大牧场食品有限公司
包头东宝生物技术股份有限公司	内蒙古乌兰布和乳业有限公司
包头市天赋食品有限公司	内蒙古恒丰食品工业股份有限公司
包头华美稀土高科有限公司	内蒙古巴彦淖尔市豪固科技发展有限公司
包头转龙酒业有限责任公司	内蒙古包钢稀土（集团）高科技股份有限公司
内蒙古圣鹿源生物科技股份有限公司	内蒙古科沁万佳食品有限公司
内蒙古包钢钢联股份有限公司	内蒙古恒正集团保安沼农工贸有限公司
内蒙古北方重工业集团有限公司	东乌珠穆沁旗草原东方肉业有限责任公司
内蒙古玉王生物科技有限公司	

表4－10　同时拥有驰著名商标与主席质量奖企业名录

企业名称	企业名称
内蒙古伊利实业集团股份有限公司	内蒙古蒙西水泥股份有限公司
内蒙古北方重型汽车股份有限公司	内蒙古包钢稀土（集团）高科技股份有限公司
内蒙古永业农丰生物科技有限责任公司	内蒙古鄂尔多斯资源股份有限公司
内蒙古和信园蒙草抗旱绿化股份有限公司	内蒙古汉森酒业集团有限公司
内蒙古鹿王羊绒有限公司	

二、各旗县区品牌企业总体发展状况

随着自治区商标品牌战略的不断实施和深入开展，品牌的经济效应日益显现。各旗县政府部门品牌培育意识日渐提高，随之而来的是大批品牌企业的不断发育和成熟。

品牌企业是指依法设立的、拥有自己的自主品牌，能够进行品牌产品的生产、经营和销售，且品牌产品的市场覆盖率超过企业所在地域范围，同时能够依法对品牌的使用进行相应的管理，维护品牌形象，并独立享有民事权利和承担民事义务的组织。

在品牌企业的发展过程中，企业的品牌意识也在不断增强，申报知名商标、著名商标和驰名商标的积极性不断高涨。而被认定为自治区和国家级（农牧业产业化）龙头企业的数量也在不断增加。截至 2014 年，内蒙古自治区 102 个旗县区拥有知名商标、著名商标或驰名商标的企业约有 1167 家（含同时拥有两个或两个以上上述商标的企业）；其中国家级（农牧业产业化）龙头企业约 37 有家，约占 3.17%。自治区级（农牧业产业化）龙头企业约有 184 家，约占 15.77%，两者兼而有之的龙头企业约有 23 家。

表 4-11　内蒙古自治区 102 个旗县品牌企业数量

单位：家

商标名称	国家级龙头企业	自治区级龙头企业	同时为国家级、自治区级龙头企业	其他企业	合计
中国驰名商标	11	15	3	28	57
内蒙古自治区著名商标	17	98	11	322	448
内蒙古自治区知名商标	9	71	9	573	662
合计	37	184	23	923	1167

资料来源：由调研问卷整理而成。

在当地政府部门的重视、扶持和积极引导下，不仅商标企业的数量在逐年增加，同时企业自身的发展规模也在不断地壮大，企业发展的质量也得到了不断的提升，对旗县经济发展起到了较大的带动作用。此外，在上述企业中不少企业在国内外的声誉和影响力都在不断地增强。2014 年，所有拥有各类商标的企业总销售收入达到 75.06 万亿元，超过 10 亿元以上的企业约有 241 家，占所有企业的 20.65%；所有企业（含免税企业）共上缴利税约为 20268.96 亿元，从业人员达到 43.53 万人左右。

从各个旗县品牌企业发展的总体情况来看，鄂尔多斯市东胜区的各类品牌企业数量是最多的，为 70 家；其次为包头市的东河区，为 53 家，通辽市的科尔沁区为 48 家，而赤峰市的巴林左旗、锡林郭勒盟的阿巴嘎旗、乌兰察布市的前旗与兴和县、兴安盟的阿尔山和扎赉特旗、阿拉善盟的阿拉善右旗和额济纳旗、呼伦贝尔市的新巴尔虎右旗所拥有的各类品牌企业数量是最少的，仅有 1 家，详见表 4 - 12。

表 4 - 12　各旗县品牌企业拥有情况

旗县区	品牌企业数量（家）
东胜区	70
东河区	53
科尔沁区	48
青山区	45
红山区	38
昆都仑区	34
临河区	32
玉泉区	29
杭锦后旗	28
赛罕区、回民区、海拉尔区	25
新城区	24
牙克石市	23
宁城县	22
乌拉特前旗	21
五原县、松山区、磴口县、达拉特旗	20
扎鲁特旗、海勃湾区	19
扎兰屯市、九原区	18
准格尔旗	17
锡林浩特市	16
奈曼旗	15
元宝山区、乌审旗、鄂托克旗	14
土默特右旗、二连浩特	13
克什克腾旗、喀喇沁旗、阿荣旗	12
乌兰浩特市、阿拉善左旗	11
伊金霍洛旗、开鲁县、鄂伦春、达茂区	10

旗县区	品牌企业数量（家）
清水河县	9
卓资县、太仆寺旗、科右前旗、科尔沁左翼后旗、和林格尔县、东乌珠穆沁旗	8
正镶白旗、乌拉特后旗、集宁区、化德县	7
正蓝旗、乌拉特中旗、苏右旗、四子王旗、后旗、杭锦旗、根河市、巴林右旗	6
西乌珠穆沁旗、乌达区、突泉县、凉城、库伦旗、霍林郭勒市、鄂托克前旗、额尔古纳市、阿鲁科尔沁旗、鄂托克旗棋盘井	5
翁牛特旗、苏左旗、商都、莫力达瓦达斡尔族自治旗、林西县、科左中旗、科右中旗、丰镇、陈巴尔虎旗	4
托克托县、满洲里市、黄旗、海南区、固阳县、鄂尔多斯市康巴什新区、多伦县	3
中旗、新巴尔虎左旗、鄂温克自治旗、敖汉旗	2
扎赉特旗、兴和县、新巴尔虎右旗、前旗、额济纳旗、巴林左旗、阿拉善右旗、阿尔山、阿巴嘎旗	1

资料来源：由调研问卷整理后得出。

从各个旗县区品牌企业发展质量来看，2012～2014年，大部分旗县区的品牌企业发展状况良好，在提高自身发展质量的同时，也为当地经济发展做出了非常重要的贡献。本书主要以总销售收入、税收和从业人员这三个主要指标对各个旗县区品牌企业的发展状况进行概述。以此来说明各个旗县区品牌企业发育的情况。本书分别对每个盟市拥有各类品牌的企业数量及这些企业在2012～2014年的总销售收入情况、上缴税收情况及从业人员情况进行了梳理，从中展示出这些品牌企业在各个旗县区的发育和发展情况。

（一）呼和浩特市各旗县区品牌企业发展概况

呼和浩特市所属各旗县拥有各类商标的品牌企业共有123家，其中国家级龙头企业3家，自治区龙头企业13家，国家及自治区龙头企业共2家。在这些旗县区中只有和林格尔县拥有2家国家级龙头企业，托克托县有1家国家级龙头企业。其他旗县区以其他企业的数量居多。而从这些企业所产生的经济效应看，赛罕区品牌企业2012～2014年的销售收入和税收较多，但其从业人员数量并不多；和林格尔县则相反，其从业人员数量最多，但销售收入和上缴的税收数量居中。相对来说，清水河县品牌企业在上述三个指标中均不占优势，均处于较低的水平上。

表 4 – 13 呼和浩特市各旗县品牌企业分布情况

单位：家

商标种类	中国驰名商标				知名商标				著名商标			
品牌企业分类	国家级龙头企业	自治区龙头企业	国家/自治区龙头企业	其他企业	国家级龙头企业	自治区龙头企业	国家/自治区龙头企业	其他企业	国家级龙头企业	自治区龙头企业	国家/自治区龙头企业	其他企业
和林格尔县	1				1			2	1	1		2
玉泉区		2						19		1		7
回民区			2			1		9				13
赛罕区			1		3			13		3		5
新城区			1					17				6
清水河县						1		6				2
托克托县	1						1				1	
合计	2	2		4	6	1		66	1	5	1	35

资料来源：由调研资料整理后形成。

表 4 – 14 呼和浩特市 2012～2014 年各旗县品牌企业发展情况概览

单位：万元、人

旗县区	2012 年			2013 年			2014 年		
	总销售收入	税收	从业人员	总销售收入	税收	从业人员	总销售收入	税收	从业人员
和林格尔县	3631578.98	177306.41	25756	4218016.12	231550.82	28325	4759887.35	252337.27	28585
玉泉区	7077740.15	755905.05	3534	6288755.21	394365.1	3572	3495734.32	2372264.56	3635
回民区	905592.19	36551.7	8569	310808.49	14754.87	9492	325243.35	15658.74	7940
赛罕区	25117656.65	797719.24	2610	22714960.86	438774.32	2747	27441542.32	539285.08	30468
新城区	9944968.47	548200.95	2622	11213025.98	685779.59	3155	12004020.88	667700.18	3295
清水河县	51871.22	837.15	701	50866.98	4437.18	726	41091.74	1224.33	179
托克托县	106107.06	7941.89	1641	106887.92	8842.92	1620	103993.06	6606.67	1485

资料来源：由调研问卷计算整理后得出。

（二）包头市各旗县区品牌企业发展概况

包头市所辖各旗县拥有各类商标的品牌企业共有 176 家，其中国家级龙头企业 9 家，自治区龙头企业 7 家，国家/自治区龙头企业共 3 家。在这些旗县区中，只有东河区拥有 4 家国家级龙头企业，昆都仑区有 2 家国家级龙头企业。固阳县是所有旗县中品牌企业最少的，仅有 3 家，其他旗县区以其他企业的数量居多。而从这些企业所产生的经济效应看，昆都仑区品牌企业 2012～2014 年的销售收入、税收和从业人员等指标最高，而固阳县的上述指标则处于最低水平，说明固阳县品牌企业对当地经济的带动作用十分有限，当然这与其品牌企业数量较少有着直接的关系。

表 4－15　包头市各旗县品牌企业分布情况

单位：家

商标种类	中国驰名商标				知名商标				著名商标			
品牌企业分类	国家级龙头企业	自治区龙头企业	国家/自治区龙头企业	其他企业	国家级龙头企业	自治区龙头企业	国家/自治区龙头企业	其他企业	国家级龙头企业	自治区龙头企业	国家/自治区龙头企业	其他企业
东河区	2		3		1		1	28	2			16
青山区			3					27				15
昆都仑区			1			1		18	2	4	1	7
固阳县								2				1
土默特右旗								11				2
达茂区								6		1		
九原区			1		1			8		1		7
合计	2		8		3	2	1	100	4	5	2	49

资料来源：由调研资料整理后形成。

表 4－16　包头市 2012～2014 年各旗县品牌企业发展情况概览

单位：万元、人

旗县区	2012 年			2013 年			2014 年		
	总销售收入	税收	从业人员	总销售收入	税收	从业人员	总销售收入	税收	从业人员
东河区	337072.46	21127.07	9868	330074.48	15615.58	10065	342426.59	15491.66	9568
青山区	696071.39	476263.1	31264	723698.37	488505.37	31873	673399.03	233864	33125
昆都仑区	4049136.26	132651.57	42467	4190573.89	108355.52	43995	3390466.04	113658.2	44586
固阳县	6700.2	5	44	7210.98	6	49	7276.38	7	47
土默特右旗	425080.31	13232.4	1036	458607.04	20672.28	1527	421846.93	18487.32	1447
达茂区	133519.1	584.92	577	103584.73	931.76	699	88659.42	1288.2	757
九原区	292640.33	30250.04	3061	235090.32	14676.67	3316	142106.51	5853.03	3370

资料来源：由调研问卷计算整理后得出。

（三）呼伦贝尔市各旗县区品牌企业发展概况

呼伦贝尔市所辖各旗县拥有各类商标的品牌企业共有 115 家，其中自治区龙头企业 12 家，没有国家级和国家/自治区龙头企业。仅海拉尔区、额尔古纳市、阿荣旗、鄂伦春和牙克石市有自治区级的龙头企业。而且在呼伦贝尔市拥有驰名商标的企业中没有一家龙头企业。从这些企业所产生的经济效应看，海拉尔区品牌企业 2012～2014 年的销售收入、税收和从业人员等都处于较高的水平，此外，扎兰屯市虽然没有国家级和自治区级的龙头品牌企业，但是其所拥有的品牌企业的经济效益却十分可观。

表 4-17　呼伦贝尔市各旗县品牌企业分布情况　　单位：家

商标种类	中国驰名商标				知名商标				著名商标			
品牌企业分类	国家级龙头企业	自治区龙头企业	国家/自治区龙头企业	其他企业	国家级龙头企业	自治区龙头企业	国家/自治区龙头企业	其他企业	国家级龙头企业	自治区龙头企业	国家/自治区龙头企业	其他企业
海拉尔区				1				16		3		5
陈巴尔虎旗								3				1
新巴尔虎左旗								1				1
额尔古纳市								3		1		1
新巴尔虎右旗												1
阿荣旗								8		1		3
鄂温克族自治旗								1				1
根河市								5				1
鄂伦春						1		6		2		1
莫力达瓦达斡尔族自治旗								3				1
满洲里市								1				2
牙克石市						1		18		3		1
扎兰屯市				2								16
合计				3		2		65		10		35

资料来源：由调研资料整理后形成。

表4-18　呼伦贝尔市2012～2014年各旗县品牌企业发展情况概览

单位：万元、人

旗县区	2012年			2013年			2014年		
	总销售收入	税收	从业人员	总销售收入	税收	从业人员	总销售收入	税收	从业人员
海拉尔区	94712.09	9192.09	2060	56871.46	3717.59	2092	58939.01	4220.54	2084
陈巴尔虎旗	1760.29	199.63	172	1494.01	195.24	199	1203.97	104.18	188
新巴尔虎左旗	3471	300	89	4628.2	303	77	4858.4	292	71
额尔古纳市	4994.5	298.14	288	6945.5	404.72	314	10511	471.3	340
阿荣旗	24817	1097.7	695	51763	1264.4	1072	64833.1	1398.99	1090
根河市	12244	172	975	11523	-21.8	899	10246.03	701.8	801
鄂伦春	10942.6	867.5	611	11195.8	1032	666	10870	1048.9	674
莫力达瓦达斡尔族自治旗	7284	1405	205	4996	8886	152	4633	6360	159
满洲里市	13314	266	460	28350	275	542	39666.6	343	862
牙克石市	18740	1051	584	15160	1187	735	9312	686	653
扎兰屯市	130547	7664.8	4603	144540	8557.7	4864	152884	9360.2	5063

资料来源：由调研问卷计算整理后得出。

（四）兴安盟各旗县区品牌企业发展概况

兴安盟所辖各旗县拥有各类商标的品牌企业共有30家，其中国家级龙头企业3家，自治区龙头企业11家，没有国家/自治区龙头企业。在这些旗县区中只有乌兰浩特市既有国家级龙头企业又有自治区级龙头企业，科右中旗、科右前旗和突泉县仅有自治区级的龙头品牌企业。其他旗县虽然有其他类型的品牌企业但是数量却不多。而从这些企业所产生的经济效应来看，乌兰浩特市品牌企业2012～2014年的销售收入、税收和从业人员等指标最高，而科右前旗的从业人员数量最多。

表4-19 兴安盟各旗县品牌企业分布情况

单位：家

商标种类	中国驰名商标				知名商标				著名商标			
品牌企业分类	国家级龙头企业	自治区龙头企业	国家/自治区龙头企业	其他企业	国家级龙头企业	自治区龙头企业	国家/自治区龙头企业	其他企业	国家级龙头企业	自治区龙头企业	国家/自治区龙头企业	其他企业
科右中旗			1							2		1
阿尔山												1
扎赉特旗												1
科右前旗										3		5
乌兰浩特市									3	3		5
突泉县										3		2
合计			1						3	11		15

资料来源：由调研资料整理后形成。

表4-20 兴安盟2012~2014年各旗县品牌企业发展情况概览

单位：万元、人

旗县区	2012年			2013年			2014年		
	总销售收入	税收	从业人员	总销售收入	税收	从业人员	总销售收入	税收	从业人员
科右中旗	15004	435	384	18282	527	413	49594	1004	440
阿尔山	71460	3255	1100	67513	4248	1096	62233	3775	1062
科右前旗	37985	2287.02	1760	55142	2693.43	2474	61235	2837.35	4195
乌兰浩特市	167706.77	1890.38	1878	189712.93	2196.47	2040	213713.05	2523.43	2107
突泉县	14957.21	177.83	540	19117.55	247.59	545	21516.63	263.16	550

资料来源：由调研问卷计算整理后得出。

（五）通辽市各旗县区品牌企业发展概况

通辽市所辖各旗县拥有各类商标的品牌企业共有114家，其中国家级龙头企业6家，自治区龙头企业32家，国家/自治区龙头企业4家。在这些旗县区中只有霍林郭勒市和库伦旗没有任何较高级别的品牌企业，而科尔沁区则拥有各类的品牌企业，其他旗县区都占有较好级别品牌企业中的一种或两种。从通辽市品牌企业所产生的经济效应来看，除霍林郭勒市外，科尔沁区2012~2014年的销售收入、税收和从业人员均为最多，但是霍林郭勒市虽然品牌企业数量较少，但其在上述三项指标却超过了科尔沁区。

表 4 – 21　通辽市各旗县品牌企业分布情况

单位：家

商标种类 品牌企业分类	中国驰名商标				知名商标				著名商标			
	国家级龙头企业	自治区龙头企业	国家/自治区龙头企业	其他企业	国家级龙头企业	自治区龙头企业	国家/自治区龙头企业	其他企业	国家级龙头企业	自治区龙头企业	国家/自治区龙头企业	其他企业
开鲁县	1	1				4		2		2		
霍林郭勒市								3				2
科尔沁左翼后旗					1			4				3
库伦旗								2				3
科左中旗					1			1				2
扎鲁特旗						3		8		2		6
奈曼旗						1		8		1		5
科尔沁区	1	4	1	1	1	7	1	17	1	7	2	5
合计	2	5	1	1	3	15	1	45	1	12	2	26

资料来源：由调研资料整理后形成。

表 4 – 22　通辽市 2012 ~ 2014 年各旗县品牌企业发展情况概览

单位：万元、人

旗县区	2012 年			2013 年			2014 年		
	总销售收入	税收	从业人员	总销售收入	税收	从业人员	总销售收入	税收	从业人员
开鲁县	180793	10116.6	2899	199743	9111.6	3045	183284	4242.6	3186
霍林郭勒市	1513	10.45	1463	1871	16.5	1208	1370	18.4	703
科尔沁左翼后旗	30939.4	819.55	1108	46244	1035.17	1228	49440.4	1214.98	1230
库伦旗	83127	8635.7	1054	80905	9446	1080	77352	7469	1042
科左中旗	24928	259.7	342	26935	311.8	410	33484	280.2	506
扎鲁特旗	46162.05	2479.9	1090	56400.14	3728.8	1132	75302.5	3294.7	1184
奈曼旗	15633.17	1022.4	455	16758.48	959.8	453	18402.41	664.74	420
科尔沁区	334441.29	17923.52	7695	397012.02	20328.76	8665	441401.8	19681.28	10728

资料来源：由调研问卷计算整理后得出。

（六）赤峰市各旗县区品牌企业发展概况

赤峰市所辖各旗县拥有各类商标的品牌企业共有 130 家，其中国家级龙头企业 4 家，自治区龙头企业 27 家，国家/自治区龙头企业 3 家。在这些旗县区中巴林左旗、翁牛特旗、阿鲁科尔沁旗、敖汉旗、林西县和巴林右旗只有一般的品牌企业，而没有更高级别的品牌企业。从赤峰市品牌企业所产生的经济效应来看，有高级别品牌企业的旗县在 2012～2014 年销售收入、税收和从业人员这三个指标来看均高于只有一般企业的旗县区。

表 4－23　赤峰市各旗县品牌企业分布及数量统计

单位：家

商标种类 品牌企业分类	中国驰名商标				知名商标企业				著名商标企业			
	国家级龙头企业	自治区龙头企业	国家/自治区龙头企业	其他企业	国家级龙头企业	自治区龙头企业	国家/自治区龙头企业	其他企业	国家级龙头企业	自治区龙头企业	国家/自治区龙头企业	其他企业
红山区		1				6		19		4		8
元宝山区	1	1						10		1		1
宁城县			1	2	1	1	1	10	1	1	1	3
巴林左旗				1								
克什克腾旗				1		3		6		1		1
翁牛特旗				1				3				
喀喇沁旗						5		6		1		
阿鲁科尔沁旗								4				1
松山区						1		11		1		7
敖汉旗								1				1
林西县								3				1
巴林右旗	1							3				2
合计	2	2	1	5	1	16	1	66	1	9	1	25

资料来源：由调研资料整理后形成。

表 4 – 24　赤峰市 2012 ~ 2014 年各旗县品牌企业发展情况概览

单位：万元、人

旗县区	2012 年			2013 年			2014 年		
	总销售收入	税收	从业人员	总销售收入	税收	从业人员	总销售收入	税收	从业人员
红山区	206679.89	32464.87	7052	232512.25	33270.56	7686	248208.21	34805.37	8500
元宝山区	32582.52	742.1	599	132714.1	4054.41	3605	139437.25	6182	3819
宁城县	383000.7	11416.35	13255	351104.4	9448.35	13268	331613.3	7231.47	10286
克什克腾旗	30368	513.86	1173	42620	586.15	1300	146132.6	1291.63	1713
翁牛特旗	—	—	—	—	—	—	84000	2800	450
喀喇沁旗	95362.46	15434.26	1866	103746.1	12611.86	1999	105661.5	7011.86	2081
阿鲁科尔沁旗	8308	209	174	9828	276	201	9990	237	210
松山区	33632.3	2471.4	858	35906.2	2586.5	898	38811.5	2451.9	889
敖汉旗	4430	142	185	4797	186	186	5145	207	192
林西县	44434.03	4946.7	603	55124.52	5272.1	623	24237.01	2270.96	583
巴林右旗	9749.73	2864.42	287	12753.48	2306.35	290	7082.8	3101.96	299

资料来源：由调研问卷计算整理后得出。

（七）锡林郭勒盟各旗县区品牌企业发展概况

锡林郭勒盟所属各旗县拥有各类商标的品牌企业共有 66 家，其中国家级龙头企业 3 家，自治区龙头企业 5 家，国家/自治区龙头企业 1 家。在这些旗县区中太仆寺旗、东乌珠穆沁旗、锡林浩特市、正镶白旗和阿巴嘎旗、苏右旗、苏左旗和西乌珠穆沁旗有高级别的品牌企业，而其他旗县则都是一般的品牌企业。虽然拥有高级别的品牌企业，但从数量上看都不多。而从锡林郭勒盟品牌企业所产生的经济效应来看，除阿巴嘎旗外，其余旗县的品牌企业在 2012 ~ 2014 年的销售收入、税收和从业人员数量这三个指标看均各有所长。

表 4 – 25　锡林郭勒盟各旗县品牌企业分布情况

单位：家

商标种类	中国驰名商标				知名商标				著名商标			
品牌企业分类	国家级龙头企业	自治区龙头企业	国家/自治区龙头企业	其他企业	国家级龙头企业	自治区龙头企业	国家/自治区龙头企业	其他企业	国家级龙头企业	自治区龙头企业	国家/自治区龙头企业	其他企业
太仆寺旗		1						3		1		3

续表

商标种类	中国驰名商标				知名商标				著名商标			
品牌企业分类	国家级龙头企业	自治区龙头企业	国家/自治区龙头企业	其他企业	国家级龙头企业	自治区龙头企业	国家/自治区龙头企业	其他企业	国家级龙头企业	自治区龙头企业	国家/自治区龙头企业	其他企业
西乌珠穆沁旗								3		1		1
东乌珠穆沁旗						2	1	1		3	1	0
锡林浩特市						1		4	2	5		4
二连浩特								5		1		7
苏右旗								3		1		2
正镶白旗								4	1	1		1
正蓝旗								4				2
苏左旗								3		1		
黄旗								2				1
多伦县								2				1
阿巴嘎旗						1						
合计	1					4	1	34	3		1	22

资料来源：由调研资料整理后形成。

表4-26 锡林郭勒盟2012～2014年各旗县
品牌企业发展情况概览 单位：万元、人

旗县区	2012年			2013年			2014年		
	总销售收入	税收	从业人员	总销售收入	税收	从业人员	总销售收入	税收	从业人员
太仆寺旗	48468.1	9354.8	1818	60730.8	11498.6	1953	72812.5	16595.9	2167
西乌珠穆沁旗	23622.4	1095.84	342	16853.3	837.11	354	22019	1066.41	349
东乌珠穆沁旗	53641	713.3	720	58664	962.4	730	52343	311.7	750
二连浩特	66640.99	1775	793	75018.64	1585.63	875	77973.68	1634.8	925

续表

旗县区	2012 年			2013 年			2014 年		
	总销售收入	税收	从业人员	总销售收入	税收	从业人员	总销售收入	税收	从业人员
苏右旗	10887425.19	13510.26	369	10056823	11546.1	386	19312.88	193	335
正镶白旗	15448.27	28.5	1371	13547.91	29.11	1282	13251.23	31	1207
正蓝旗	3163.3	56.3	150	3585.5	79.66	170	5050.7	136.7	219
苏左旗	6488.42	35.02	200	8200.6	40.08	208	8189.8	33.71	242
黄旗	17769.85	622.13	172	22128.54	527.93	173	16135.22	261	166
多伦县	1470	436.6	102	1489	389.1	102	1765	455.5	104
阿巴嘎旗	365.43	10.85	26	386.64	11.48	30	372.54	10.14	20

资料来源：由调研问卷计算整理后得出。

（八）乌兰察布市各旗县区品牌企业发展概况

乌兰察布市所辖各旗县拥有各类商标的品牌企业共有 71 家，其中自治区龙头企业 5 家，国家/自治区龙头企业 3 家，没有国家级龙头企业。在这些旗县区中前旗和凉城仅有一家品牌企业，且仅为一般的品牌企业，而其他旗县区则拥有数量不等的国家或自治区级的品牌企业。但从乌兰察布市各旗县的总体情况来看，其各旗县所拥有的品牌企业的数量均较少。而从乌兰察布市品牌企业所产生的经济效益来看，商都的品牌企业在 2012～2014 年的销售收入、税收和从业人员数量这三个指标看均较突出，而兴和县则是与商都相对应的另一个极端，在上述年度及指标上均较低。

表 4 - 27   乌兰察布市各旗县品牌企业分布情况

单位：家

商标种类	中国驰名商标				知名商标				著名商标			
品牌企业分类	国家级龙头企业	自治区龙头企业	国家/自治区龙头企业	其他企业	国家级龙头企业	自治区龙头企业	国家/自治区龙头企业	其他企业	国家级龙头企业	自治区龙头企业	国家/自治区龙头企业	其他企业
商都		1								1		1
丰镇								1				3
后旗								5		1		
中旗								1				1
前旗								1				

续表

商标种类	中国驰名商标				知名商标				著名商标			
品牌企业分类	国家级龙头企业	自治区龙头企业	国家/自治区龙头企业	其他企业	国家级龙头企业	自治区龙头企业	国家/自治区龙头企业	其他企业	国家级龙头企业	自治区龙头企业	国家/自治区龙头企业	其他企业
化德县								5				2
集宁区				1				3				3
卓资县							1	6				
四子王旗						1		4			1	
兴和县												1
凉城				1				2				2
合计	1			22	2	1		28	2	2		13

资料来源：由调研资料整理后形成。

表 4 - 28　乌兰察布市 2012 ~ 2014 年各旗县品牌企业发展情况概览

单位：万元、人

旗县区	2012 年			2013 年			2014 年		
	总销售收入	税收	从业人员	总销售收入	税收	从业人员	总销售收入	税收	从业人员
商都	37010.89	5959.88	866	42353.61	6705.67	870	44249.57	7512.55	946
丰镇	23019	1933	780	26249	1674	775	32392	3241	819
后旗	7600	28	113	9000	36	121	9900	43	122
中旗	3621	26.3	69	5150	28.2	71	4911	26	70
前旗	1630	3.6	50	1680	3.8	50	1700	4	50
化德县	11381	2765.5	416	11075	2847.3	439	10821	2629	463
集宁区	14074.2	491.52	796	14190.6	816.46	664	15031.8	862.09	584
卓资县	2998	11439.9	213	3210.7	15039.4	238	3289.7	16538.5	295
四子王旗	10419.94	0	428	15815.59	0	443	19407.63	13.65	459
兴和县	79	8	13	78	8	10	75	7	11
凉城	7038	899.1	144	12086.6	1560.6	181	15997	1728.5	200

资料来源：由调研问卷计算整理后得出。

（九）鄂尔多斯市各旗县区品牌企业发展概况

鄂尔多斯市所辖各旗县拥有各类商标的品牌企业共有 164 家，其中国家级龙头企业 7 家，自治区龙头企业 29 家，国家/自治区龙头企业 2 家。在鄂尔多斯市的这些旗县区中鄂托克前旗、杭锦旗、鄂尔多斯市康巴什新区和鄂托克旗棋盘井仅有一般的品牌企业，而其他旗县区则拥有数量不等的国家或自治区级的品牌企业。而从品牌企业所产生的经济效益来看，除鄂托克旗前和杭锦旗外，其他旗县品牌企业在 2012～2014 年度的销售收入、税收和从业人员几方面来看，都有不错的成绩。

表 4-29　鄂尔多斯市各旗县品牌企业分布情况

单位：家

商标种类	中国驰名商标				知名商标				著名商标			
品牌企业分类	国家级龙头企业	自治区龙头企业	国家/自治区龙头企业	其他企业	国家级龙头企业	自治区龙头企业	国家/自治区龙头企业	其他企业	国家级龙头企业	自治区龙头企业	国家/自治区龙头企业	其他企业
达拉特旗	1	1			1	3		7	2	2	1	2
鄂托克旗						1		3		1		9
鄂托克前旗								4				1
伊金霍洛旗						1		6		1		2
准格尔旗						2		8				7
杭锦旗								5				1
鄂尔多斯市康巴什新区								3				
鄂托克旗棋盘井								5				
乌审旗						3		7				4
东胜区	1	2		2	1	7		37	1	6		13
合计	2	3		2	2	16	1	85	3	10	1	39

资料来源：由调研资料整理后形成。

表 4-30　鄂尔多斯市 2012～2014 年各旗县品牌企业发展情况概览

单位：万元、人

旗县区	2012 年			2013 年			2014 年		
	总销售收入	税收	从业人员	总销售收入	税收	从业人员	总销售收入	税收	从业人员
达拉特旗	107392.68	10890.28	2407	98880.71	9934.86	2897	48030.84	8721.16	2411
鄂托克旗	108212.67	11129.74	1999	104953.37	8959.35	2076	80112.57	4582.92	1848

旗县区	2012 年			2013 年			2014 年		
	总销售收入	税收	从业人员	总销售收入	税收	从业人员	总销售收入	税收	从业人员
鄂托克前旗	895	39	56	853	34	67	923	30	56
伊金霍洛旗	21239.26	2124.55	160	19706.26	1116.29	162	7055.4	194.49	128
准格尔旗	148527.38	25965.59	9104	1247671.37	315599.02	9120	1035155.85	245511.74	9032
杭锦旗	12244.87	64.1	73	8234.35	36.33	81	8789.5	28.74	98
乌审旗	26227.25	256.31	549	26392.35	214.15	540	26902.15	195.29	537
东胜区	7336287.26	265266	20734	8935437.22	310083.52	21800	6126383.37	167124.9	21402

资料来源：由调研问卷计算整理后得出。

（十）巴彦淖尔市各旗县区品牌企业发展概况

巴彦淖尔市所辖各旗县拥有各类商标的品牌企业共有 133 家，其中自治区龙头企业 21 家，国家/自治区龙头企业 2 家，没有国家级龙头企业。在巴彦淖尔市的这些旗县区中仅乌拉特后旗只有一般的品牌企业，而其他旗县区则拥有数量不等的国家或自治级的品牌企业。而从巴彦淖尔市品牌企业所产生的经济效益来看，除乌拉特后旗外，其他旗县品牌企业在 2012～2014 年度的销售收入、税收和从业人员几方面来看，都有有所建树。

表 4－31　巴彦淖尔市各旗县品牌企业分布情况

单位：家

商标种类	中国驰名商标				知名商标				著名商标			
品牌企业分类	国家级龙头企业	自治区龙头企业	国家/自治区龙头企业	其他企业	国家级龙头企业	自治区龙头企业	国家/自治区龙头企业	其他企业	国家级龙头企业	自治区龙头企业	国家/自治区龙头企业	其他企业
临河区		1	1		2	2		16		3	1	6
磴口县						1		11		2		6
乌拉特后旗								5				2
乌拉特前旗								13		1		7
乌拉特中旗						2						4
五原县								12		1		7
杭锦后旗		1				1		12		7		7
合计		1	1	1	6	2		69		14	1	39

资料来源：由调研资料整理后形成。

表4-32 巴彦淖尔市2012~2014年各旗县品牌企业发展情况概览

单位：万元、人

旗县区	2012年			2013年			2014年		
	总销售收入	税收	从业人员	总销售收入	税收	从业人员	总销售收入	税收	从业人员
临河区	231346.92	9181.32	17861	133388.3	6951.34	14026	156753.5	7555.43	13019
磴口县	90695.62	9805.15	6353	109956.09	9119.18	6639	102792.33	3495.66	6969
乌拉特后旗	8253	403	237	7155	363.3	237	5151	138.8	116
乌拉特前旗	129170.33	7417.74	3724	121410.17	4305.47	3688	101388.68	3786.61	3475
乌拉特中旗	17823.1	1407.92	307	16679.3	2269.02	337	9446.78	1014.66	163
五原县	79886.8	1802.54	3482	108448.99	1633.62	1705	97158.92	1364.2	1693
杭锦后旗	190801.47	60956.6	4793	160316.29	38354.74	3982	125870.09	22282.9	2979

资料来源：由调研问卷计算整理后得出。

（十一）乌海市各旗县区品牌企业发展概况

乌海市所属各旗县拥有各类商标的品牌企业共有27家，其中国家级龙头企业2家，自治区龙头企业1家，没有国家/自治区龙头企业。在这些旗县区中仅海勃湾区有国家级和自治区级龙头品牌企业，而其余旗县则以一般品牌企业为主。而从乌海市品牌企业所产生的经济效应来看，海勃湾区的品牌企业在2012~2014年的销售收入、税收和从业人员数量这三个指标均较高。

表4-33 乌海市各旗县品牌企业分布情况

单位：家

商标种类	中国驰名商标				知名商标				著名商标			
品牌企业分类	国家级龙头企业	自治区龙头企业	国家/自治区龙头企业	其他企业	国家级龙头企业	自治区龙头企业	国家/自治区龙头企业	其他企业	国家级龙头企业	自治区龙头企业	国家/自治区龙头企业	其他企业
海勃湾区	1							4	1	1		12
海南区												3
乌达区								1				4
合计	1							5	1	1		19

资料来源：由调研资料整理后形成。

表 4 - 34 乌海市 2012~2014 年各旗县品牌企业发展情况概览

单位：万元、人

旗县区	2012 年			2013 年			2014 年		
	总销售收入	税收	从业人员	总销售收入	税收	从业人员	总销售收入	税收	从业人员
海勃湾区	2330007.81	61487.63	8263	1706218.35	79977.62	8719	2031540.23	79359.02	8944
乌达区	9434.74	633.18	235	9829.27	701.55	187	3149.24	170.48	190
海南区	191856.24	13663	3090	221519.38	13950	3139	254917.24	13387	3178

资料来源：由调研问卷计算整理后得出。

（十二）阿拉善盟各旗县区品牌企业发展概况

阿拉善盟所属各旗县拥有各类商标的品牌企业共有 13 家，其中自治区龙头企业 7 家，没有国家级和国家/自治区龙头企业。在这些旗县区中，阿拉善左旗拥有的品牌企业数量相对而言是最多的，为 11 家，阿拉善右旗和额济纳旗仅有 1 家。而从阿拉善盟品牌企业所产生的经济效益来看，阿拉善左旗的品牌企业在 2012~2014 年的销售收入、税收和从业人员数量这三个指标均较高。

表 4 - 35 阿拉善盟各旗县品牌企业分布情况

单位：家

商标种类	中国驰名商标				知名商标				著名商标			
品牌企业分类	国家级龙头企业	自治区龙头企业	国家/自治区龙头企业	其他企业	国家级龙头企业	自治区龙头企业	国家/自治区龙头企业	其他企业	国家级龙头企业	自治区龙头企业	国家/自治区龙头企业	其他企业
阿拉善左旗				1				2		4		4
阿拉善右旗												1
额济纳旗										1		
合计				1				2		5		5

资料来源：由调研资料整理后形成。

表 4 - 36 阿拉善盟 2012~2014 年各旗县品牌企业发展情况概览

单位：万元、人

旗县	2012 年			2013 年			2014 年		
	总销售收入	税收	从业人员	总销售收入	税收	从业人员	总销售收入	税收	从业人员
阿拉善左旗	339511.54	6908.49	8239	277343.28	8103.14	9263	189068.22	7630.36	6478
阿拉善右旗	—	—	—	2.96	1.2	6	14.79	4.63	6
额济纳旗	800	46	60	1005	67	62	600	43	62

资料来源：由调研问卷计算整理后得出。

三、商标品牌战略实施与县域经济发展对比分析

下面选取了各类商标品牌战略实施较好的达茂区和宁城县以及在商标品牌建设发展方面相对比较缓慢的阿拉善右旗与额尔古纳市，以 2014 年的数据资料为例对上述四个旗县区从商标总量、商标品牌企业的总销售收入、总税收、总利润、从业人员及广告费用等方面进行了对比研究，从中发现，达茂旗、宁城县、阿拉善右旗与额尔古纳市在上述几个方面的差距异常明显，见表 4 – 37。

表 4 – 37　内蒙古自治区部分旗县区商标总体发展情况比较分析

	旗县 GDP	各类商标总量（件）	总销售收入（万元）	总税收（万元）	总利润（万元）	从业人员（人）	广告费用（万元）
达茂旗	2023900	10	84650.19	1261.75	4081.38	730	234.77
宁城县	1590307	21	451613.3	8351.47	6576.28	11876	3753.58
……		……	……	……	……	……	……
阿拉善右旗	372043	2	29.58	9.26	– 36	12	1.2
额尔古纳市	442736	2	2449	224	516	94	24.2

资料来源：由调查问卷整理后得出。

从表 4 – 37 可以看出，商标品牌发展的状况在一定程度上影响到该地区经济发展的水平与质量，宁城县与达茂旗在实施商标品牌战略中，政府各部门的扶持与支持力度都比较大，建立了相应的商标品牌战略发展机制，对农畜产品流通体系建设非常重视，旗县主要领导非常重视商标战略，政府各部门相互支持，围绕当地特产、优势资源、优势产品、优势产业来做好商标品牌文章，同时积极争取上级职能部门的支持，积极扶持驰名、著名企业品牌发展，积极培育知名商标企业创牌，通过各种方式加强对社会宣传、营造氛围，取得了显著的成绩，商标总量、商标品牌企业的总销售收入、总税收、总利润、从业人员及广告费用等与旗县 GDP 有极强的正向相关关系，大力发展商标品牌是促进县域经济发展的有效途径之一。

第 五 章

商标品牌战略实施与县域经济发展的关联分析

　　实施商标品牌战略是内蒙古自治区在国家工商总局提出在全国实施商标战略的基础上所提出的，内蒙古自治区在实施商标品牌战略中加了"品牌"二字，它源于商标是知识产权范畴的概念，而品牌则是经济范畴的概念。随着内蒙古自治区品牌企业的发展与壮大，其品牌效应逐渐凸显，在内蒙古自治区经济发展中起着举足轻重的作用。本章主要运用理论分析与实证分析相结合的方法进一步探讨品牌与县域经济发展的关系。实证分析主要是从两个方面展开：首先，通过调查问卷数据来分析品牌与县域经济发展的关联性；其次，在关联性分析的基础上通过构建指标体系来测算品牌对县域经济发展的贡献度。

一、品牌与县域经济发展关系的理论分析

内蒙古自治区商标主要集中分布在中西部的呼和浩特市、包头市、鄂尔多斯市和东部的通辽市、赤峰市等地区，涵盖了白酒、红酒、奶制品等食品加工、肉类、纺织业、机械行业、医药制造、建材等行业。在新型战略型产业和领域中注册商标以及地理标志证明商标都相对较少，高端制造业、服务业、文化产业基本处于空白状态，传统的特色产业、支柱产业支撑也非常有限。内蒙古自治区的商标发展和品牌培育工作与其他发达省区相比有非常大的差距，驰名、著名商标在促进县域经济发展中发挥的作用也十分有限。无论是推动力和贡献率都与自治区"8337"发展思路的总体要求、与自治区区域经济发展的势头和规模存在很大的不适应、不对称，所以还存在很大的发展空间。做好商标培育、注册、使用、管理等工作只是手段，而通过品牌创建，促进品牌经济的发展，促进市场主体做大做强，助推县域经济发展才是目的。要实现内蒙古自治区经济的跨越式发展，则需要进一步增强品牌建设的效能意识，深入扎实推进商标品牌战略实施，大力发展品牌经济，这对于全面落实党中央"四个全面"的战略布局具有重要的现实意义。

实施商标品牌战略的过程实际就是促进产业结构优化升级、经济增长方式转变的过程，更是一个地区从加工制造向创新创造转变的过程。具体来说，品牌企业对县域经济发展的促进作用是通过两种途径来实现的，即单个品牌企业对区域经济发展的作用和区域品牌对区域经济发展的作用。单个品牌企业通过增加资本要素、优化产业结构、转变经济增长方式等方面实现了对区域经济发展的促进作用。区域品牌是通过区域内产业集群结构的优化、区域内产业集群竞争力的提高、区域内城市化及城市群的加快发展等方面对区域经济发展产生促进作用。

（一）品牌直接影响县域经济的发展水平

品牌是县域经济中鲜活的生命体。县域经济的发展离不开品牌的支撑，品牌的成长也需要县域内良好的经济氛围和经济环境。2014 年内蒙古各地区的 GDP 如图 5-1 所示，地区生产总值（GDP）排名前三的盟市分别为鄂尔多斯市、包头市和呼和浩特市，GDP 分别为 4162.18 亿元、3636.31 亿元和 2894.05 亿元，占内蒙古自治区 GDP 的比重分别为 23.42%、20.46% 和 16.29%，"呼包鄂"地区 GDP 占内蒙古自治区的比重达 60.17%，排名第四和第五的盟市是通辽市和赤峰市，GDP 分别为 1886.80 亿元和 1778.37 亿元，占内蒙古自治区 GDP 的比重分别为 10.62% 和 10.01%。

(亿元)

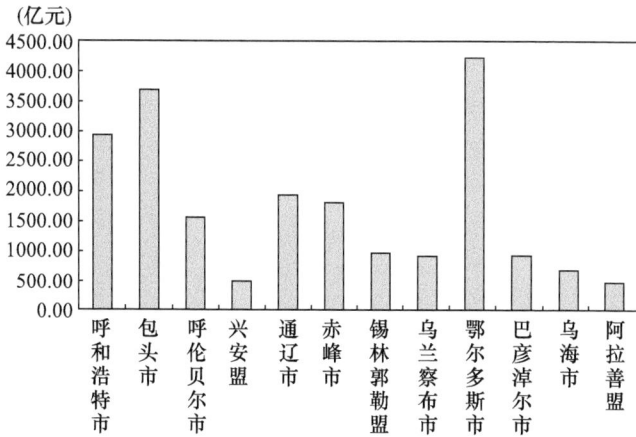

图 5 - 1　各盟市地区生产总值

从品牌数量来看，截至目前，内蒙古自治区商标申请件数为 17445 件，注册件数 9788 件，有效注册商标 64081 件，排名居全国 34 个省自治区直辖市第 25 位，马德里注册 73 件，其中行政认定中国驰名商标 74 件、内蒙古自治区评审认定自治区著名商标 650 件、盟市评审认定的知名商标 1167 件。地理标志证明（集体）商标 32 件。各盟市驰名商标占内蒙古自治区比重如图 5 - 2 所示，"呼包鄂"金三角地区的驰名商标数占内蒙古自治区 50%，截至目前，鄂尔多斯市、包头市和呼和浩特市的驰名商标分别为 7 件、12 件和 17 件，通辽市和赤峰市的驰名商标各为 11 件；著名商标和知名商标较多的盟市也是"呼包鄂"金三角地区以及通辽市、赤峰市和巴彦淖尔市，上述盟市的著名商标和知名商标分别占内蒙古自治区比重的 69.54% 和 81.83%。

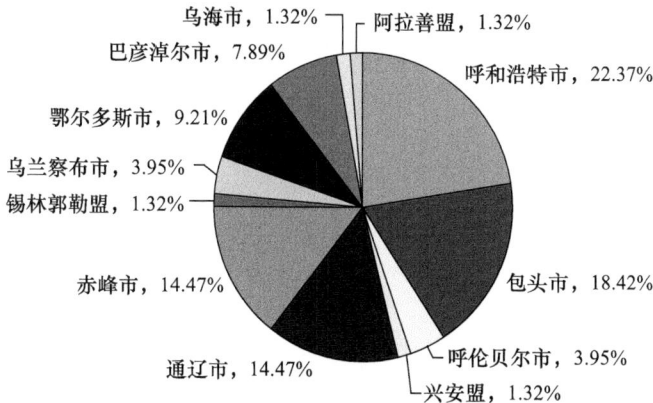

图 5 - 2　各盟市驰名商标数

1. 品牌既是县域实力的重要标志，也是县域经济发展的依托

没有品牌的支撑，县域经济将成为"无源之水，无本之木"。由此可见，品牌对于县域经济发展的意义，犹如血液之于生命的意义，没有品牌的县域经济，无异于没有灵魂的肉体，没有精神的躯壳。因此品牌是影响县域经济发展的最重要的因素。品牌为县域经济建立了一个形象平台，使县域内产品和服务的品牌价值形象得到提升，大大增强了县域内产业集群的比较竞争优势。县域品牌的知名度、美誉度得到了扩散，县域经济的综合竞争力大大提高。

2. 品牌是县域经济发展的强大动力

县域经济发展的直接目标是提升区域综合竞争力，而县域内的品牌是否为强势的、有生命力的品牌，将是衡量经济竞争力的直接指标，品牌企业是县域竞争中的先锋，也是县域竞争的利器。品牌战略的实施能够促进县域经济的快速发展。

3. 品牌影响县域经济的发展活力和潜力

品牌是县域经济发展强大的驱动力和推进器。品牌凝聚力强并形成产业集群，尤其是成为驰名商标的品牌企业，有着强大的生命力，具有非凡的繁殖能力和扩展能力。品牌，不仅是某个企业、某种产品的标识，更是一种传递信任、品位与追求的载体。驰名、著名和知名品牌企业越多，则区域经济越发达。1999年至2014年，内蒙古自治区获中国驰名商标数呈逐年递增趋势，2014年度新增驰名商标数为11件。

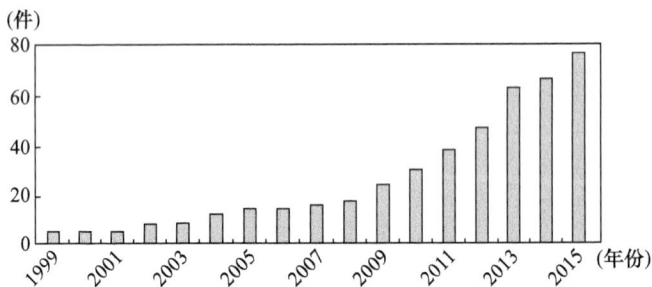

图 5 - 3　1999 ~ 2015 年内蒙古驰名商标拥有量

目前，内蒙古自治区获得全国驰名商标数位居 5 个少数民族自治区第二名，西部 12 个省区第五名。内蒙古自治区获得全国驰名商标的品牌企业销售额占内蒙古规模以上龙头企业销售额的 55% 以上。鄂尔多斯市因为有闻名国内外的"鄂尔多斯"羊绒成为中国"羊绒之都"；呼和浩特市因为有"伊利"、"蒙牛"两大乳品企业成为中国"乳都"，品牌对县域经济发展、招商引资均起到了非常重要的作用。目前，内蒙古自治区拥有鄂尔多斯、鹿王、伊利、草原兴发、河套（面粉）、蒙牛、河套（酒）、草原（糖）、塞飞亚、小肥羊、科尔沁、维信、伊泰、远兴等 74 个中国驰名商标。

（二）品牌对县域经济发展的推动作用

1. 由特色资源、技术工艺形成的单个品牌对县域经济的推动作用（单个品牌）

从单个品牌企业来看，主要是通过三种方式促进了区域经济的发展：

其一，品牌企业有利于区域内经济增长要素的增加。通过基于品牌资本的索洛模型的扩展可以清晰地看到品牌对区域经济增长的效用。

其二，品牌企业有利于区域内产业结构的优化。品牌企业是产业发展的重要推动力，其作用集中表现在两个方面：一是品牌是推动区域产业集群发展的强劲动力，二是品牌是产业关联效用发挥的重要因素。

其三，品牌企业有利于区域内经济增长方式的转变。品牌企业是扩大区域内消费需求的必然选择，品牌企业是实现外贸增长方式转变的重要途径，品牌企业是发展区域特色经济的重要方面。

2. 由产业集群形成的区域品牌对县域经济的推动作用（区域品牌）

从区域品牌来看，也主要是通过三种方式实现县域经济发展。区域品牌有利于区域内产业集群结构的优化，有利于区域内产业集群竞争力的提高，有利于加快区域内城市化及成熟群发展。

二、品牌与县域经济发展的相关性分析

（一）县域经济竞争力综合评价

县域经济是以县级行政区划为地理空间，以县级政权为调控主体，以市场为导向，优化配置资源，具有地域特色和功能完备的区域经济。在我国，县（市）是社会经济功能较完善的基本单元，具有较为完善和相对独立的县域经济。准确评价一个县（市）的社会经济发展状况，全面分析和比较县（市）之间的差异，对促进县域经济的全面、健康与可持续发展具有极其重要的意义。

本书根据经济发展情况，构建县域经济综合竞争力指标体系，选取了 GDP、工业增加值、总人口、固定资产投资、财政支出、在岗职工平均工资、全社会就业人员、社会消费品零售总额等 8 个指标，通过因子分析得到内蒙古自治区 12 个盟市的经济综合竞争力得分及排名。

首先，通过 KMO 检验和 Bartlett 检验，检验结果如表 5 - 1 所示，KMO 统计

值是 0.532，Bartlett 检验显著水平值（Sig.）显著，说明适合做因子分析。

表 5 – 1　KMO and Bartlett's Test

Kaiser – Meyer – Olkin Measure of Sampling Adequacy	0.532
Bartlett's Test of Sphericity	
Approx. Chi – Square	168.120
df	28
Sig.	0.000

　　其次，根据特征值的总方差解释表如表 5 – 2 所示，特征根大于 1 的有 2 个主成分，方差累计贡献率为 91.069%（一般情况为 80% ~85% 比较满意），说明2 个主成分已经解释了总变异的大部分信息，此外再根据如图 5 – 4 所示的碎石图，纵坐标表示因子的特征根，一般选取特征根大于 1 的因子，因为特征根是衡量主成分影响力度的指标，表示引入该因子后可以平均解释多少原始变量的信息，特征根如果小于 1，则说明主成分的解释力度还不如直接用一个原变量的平均解释力度大。综上所述，表明 8 个变量能够综合成 2 个因子。

表 5 – 2　Total Variance Explained

Component	Initial Eigenvalues			Extraction Sums of Squared Loadings			Rotation Sums of Squared Loadings		
	Total	% of Variance	Cumulative %	Total	% of Variance	Cumulative %	Total	% of Variance	Cumulative %
1	5.367	67.092	67.092	5.367	67.092	67.092	4.024	50.304	50.304
2	1.918	23.977	91.069	1.918	23.977	91.069	3.261	40.765	91.069
3	0.490	6.126	97.196						
4	0.138	1.730	98.926						
5	0.07	0.964	99.890						
6	0.005	0.064	99.955						
7	0.003	0.043	99.998						
8	0.00	0.002	100.000						

Extraction Method：Principal Component Analysis

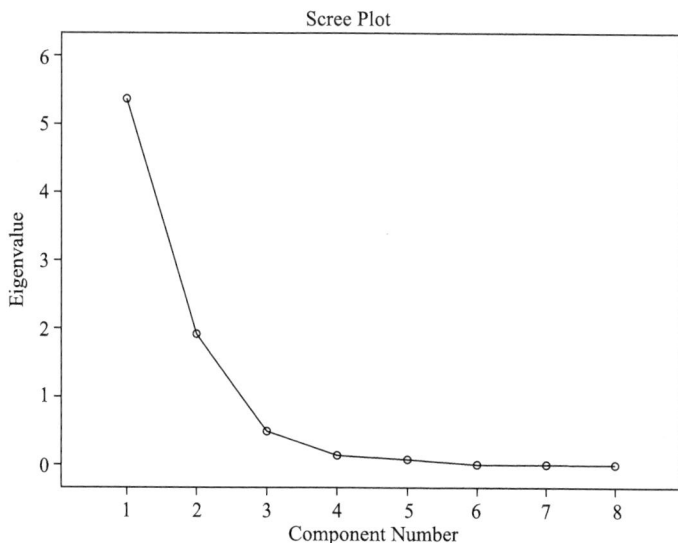

图 5 - 4 碎石图

再次，计算综合得分并排名。在 SPSS 中通过因子分析会产生每个变量的因子得分，根据旋转后的方差贡献率作为权重对两个因子的得分进行相应的加权，从而计算出综合得分和排名，见表 5 - 3。

为了体现具体的竞争力差距，本书选取各盟市的竞争力得分作为衡量盟市竞争力的指标值，具体方法为把经济综合竞争力排位第一的盟市得分定位为 100 分，作为比较的基础，其他盟市得分做出相应的折算。通过测算，12 个盟市的因子得分及排名如表 5 - 3 所示：

表 5 - 3 2014 年 12 个盟市因子得分及排名

地区	FAC1_1	FAC2_1	综合得分	竞争力得分	排名
鄂尔多斯市	2.63479	- 0.5637	1.792683	100	1
包头市	1.2546	0.71198	1.111738	73.71	2
呼和浩特市	0.07467	1.20111	0.371242	45.13	3
赤峰市	- 0.37071	1.61209	0.151327	36.64	4
呼伦贝尔市	- 0.12258	0.34456	0.00041	30.81	5
通辽市	- 0.3824	0.92955	- 0.03699	29.37	6
锡林郭勒盟	0.02343	- 1.03605	- 0.25551	20.93	7
乌兰察布市	- 0.56234	0.05297	- 0.40034	15.34	8

续表

地区	FAC1_1	FAC2_1	综合得分	竞争力得分	排名
巴彦淖尔市	−0.71836	−0.21593	−0.58608	8.17	9
乌海市	−0.40644	−1.2733	−0.63467	6.3	10
阿拉善盟	−0.42358	−1.53446	−0.71606	3.15	11
兴安盟	−1.00109	−0.22882	−0.79776	0	12

2014 年盟市竞争力得分排序结果依次为鄂尔多斯市、包头市、呼和浩特市、赤峰市、呼伦贝尔市和通辽市等。

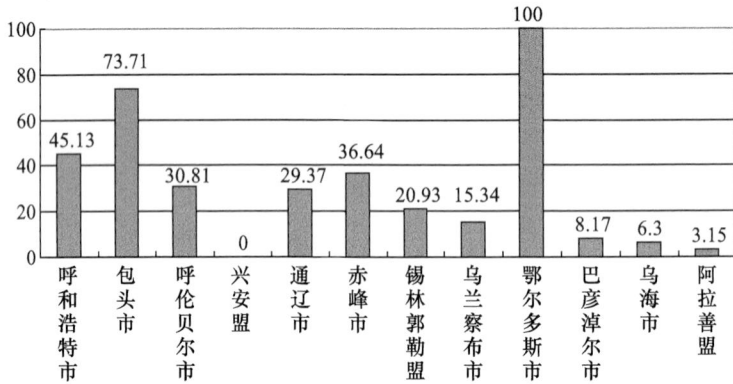

图5-5　各盟市竞争力排名

通过盟市综合竞争力分析可知，鄂尔多斯市所属的旗县市区主要依托矿产资源优势；包头市则依托钢铁工业和相关产业的发展，带动了经济的整体发展；呼和浩特市是内蒙古自治区的首府，经济发展依靠综合服务业、金融和工商业等。众所周知，排名前三的"呼包鄂"地区被称为"金三角"地区，是内蒙古自治区经济发展的重要力量。呼和浩特市是内蒙古自治区的首府，是经济、政治、文化的核心，也是对外经济联系的门户，与京津冀地区邻近，交通便利；包头市是内蒙古自治区最大的工业城市，是中国重要的铁路枢纽；鄂尔多斯市是内蒙古自治区近年来发展最快的城市，与呼和浩特市、包头市连接，同时与晋陕宁 3 省毗邻，具有较好的区位优势。内蒙古自治区中部的"金三角"地区形成了一个城市群，成为带动经济发展的有力经济体。锡林郭勒盟和呼伦贝尔市的个别旗县也是依托矿产资源和季节性的边境贸易，还有个别旗县（如二连浩特市和满洲里市）依靠边境贸易推动经济发展；阿拉善盟主要由于人口稀少，经济发展竞争力水平得分值较低。经济发展竞争力水平得分较低的区域还有兴安盟和乌兰察布市，可见盟市经济发展水平的空间差异明显。

内蒙古自治区有 102 个旗县市区级单位，不同旗县之间差距很大，经济发展很不平衡，2015 年 5 月，中国社会科学院财经战略研究院县域经济课题组完成的《中国县域经济发展报告（2015）》正式对外发布，报告基于全国 400 强样本县（市）的县域经济竞争力评价指标体系、发展潜力评价指标体系和创新力评价指标体系分别遴选出了全国县域经济竞争力百强县，内蒙古自治区有 11 个旗县入选，其中，伊金霍洛旗排名第 28 位，满洲里市排名第 48 位，准格尔旗排名第 68 位，锡林浩特市排名第 95 位，鄂托克旗排名第 156 位，阿拉善左旗排名第 198 位，达拉特旗排名第 206 位，达尔罕茂明安联合旗排名第 223 位，霍林郭勒市排名第 243 位，土默特右旗排名第 355 位，扎鲁特旗排名第 336 位。

经济综合竞争力得分越高表明竞争力越强，以阿拉善左旗为例（2014 年排第 9 位），由于其属于边境县区，人口稀少，人均占有量较大，但算不上经济发达地区。而资源型旗县市区，如达拉特旗、准格尔旗、鄂托克旗、伊金霍洛旗、乌审旗、霍林郭勒市、达茂旗，经济发展迅速但产业结构单一。市辖区，如九原区、昆都仑区、新城区、回民区、玉泉区、青山区、东胜区、海南区、乌达区，主要依靠工商业和综合服务业发展，经济总量大，产业结构合理，经济发达。再比如满洲里市和二连浩特市是典型的边境贸易县区，是内陆地区著名的边境贸易口岸城市，它们均体现出了地理位置的优越性。

经济综合竞争力较强的旗县如土右旗、和林格尔县、鄂托克前旗、赛罕区、东河区、海勃湾区、海拉尔区、阿巴嘎旗、科尔沁区、正蓝旗，其中赛罕区、东河区、海勃湾区、海拉尔区、科尔沁区均属于市辖区，大部分以工商业和综合服务业为主，经济发展水平高；土右旗依托黄河灌溉，农业发达；阿巴嘎旗为传统畜牧业区，人口稀少，经济发展水平算不上真正发达；正蓝旗近年来依靠旅游业，经济发展较快；和林格尔县招商引资项目众多，蒙牛和伊利集团的注入使其经济发展迅速；鄂托克前旗依托资源优势经济发展较快。还有鄂温克族自治旗、扎鲁特旗、克什克腾旗、苏尼特右旗、多伦县、乌拉特中旗、固阳县、临河区、卓资县、土左旗、杭锦旗、元宝山区、集宁区，这些县域从空间上看，均匀分布在东部、中部和西部，其中临河区、集宁区均为市辖区，前者是河套平原的核心区域，农业发达；后者是内蒙古自治区的交通枢纽，发展相对缓慢，交通的区位优势条件还没有凸显出来；以农业为主导产业的地区有鄂温克族自治旗、扎鲁特旗、克什克腾旗、土默特左旗等。

经济综合竞争力水平中等的旗县按东中西划分：东部县区有牙克石市、阿荣旗、扎兰屯市、乌兰浩特市、奈曼旗、库伦旗、科左后旗、开鲁县、巴林右旗、松山区，这些县区是传统的农牧业区，工业发展滞后，矿产资源贫瘠；中部县区有凉城县、清水河县、武川县、察右前旗、丰镇市，这些县区大都以农业为主导产业，凉城县近年来依托旅游业经济发展提升较快，丰镇市以电力供应业为主导产业，发展势头好；西部县区有五原县、乌拉特前旗、杭锦后旗，这些县区的发展滞后于西部的其他县区，主要原因在于这些县区矿产资源贫瘠，工业发展滞后，仍以农牧业发展为主。

经济发展竞争力水平较低的旗县主要集中在兴安盟和乌兰察布市，这些县区主要依靠农牧业发展，同时这些区域经济基础薄弱，工业发展落后，发展观念滞后，经济发展缓慢。

（二）品牌价值评估

品牌价值评估采用收益现值法，主要根据企业最近三年的盈利水平来推测品牌未来可能带来的超额利润，考虑行业特点、市场状态、品牌市场地位、品牌历史等因素加以修整。

1. 相关理论

本书采取品牌价值评估方法，它是由 Interbrand 公司所设计的一种品牌价值评估模型。其假设品牌创造的价值在未来一段时间是稳定的，通过计算品牌收益与品牌的强度系数来确定品牌的价值。计算方法如下：

$$V = I \times G$$

其中，V 是品牌价值，I 是品牌给企业带来的年平均利润，G 是品牌强度系数，在使用时，一般要考虑以下三个问题：

（1）剔除非评估品牌所创造的利润和同一品牌中其他因素创造的利润。首先是在评估一个品牌的利润时，要将其余品牌所创造产品的利润去除。其次，要剔除同一品牌产品中其他因素所创造的收益，因为原材料、固定资产、管理等经营要素也对产品的利润做出了贡献。但由于在实际中几乎不可能单独计算每一要素的收益，所以一般通过计算这些要素的预期报酬率来计算它们的利润。预期报酬率的确定因行业的不同而不同，一般而言，预期报酬率为 5% ~10%，技术含量较低的产业，预期报酬率较高，反之亦然。

（2）平均利润的确定。Interbrand 模型考虑的是品牌的持续经营能力，因此对品牌的利润进行了加权平均的调整。当年的利润权数为 0.5，上一年的利润权数为 0.33，再上一年的利润权数为 0.17，并根据经济发展趋势和通货膨胀率进行相应的调整，以确保数据的可比性和利润的稳定性。

（3）强度系数的确定。Interbrand 公司通过调查给出了一个品牌强度影响因素的量表，通过专家打分的方式来确定品牌强度系数。指标项包括领导地位、行业特征、品牌稳定性、地域影响力、品牌发展趋势、品牌所获支持、品牌法律保护等，总分越高，则品牌的实力越强，预计使用年限就越长，Interbrand 通过大量调研，将品牌强度系数 G 的范围定义为 6～20。分数越高，品牌强度系数 G 则越接近 20。

2. 数据处理

根据驰名商标问卷调查数据，此处选取了商标类别、企业从业人数、广告宣传、商标认定时间、商标的"农牧业产业化龙头企业"所属类别作为相关指标，进行品牌强度的计算。在我国，不同行业内竞争的差异性较大，行业进入的壁垒也不尽相同，例如钢铁、银行、航空等行业垄断性较强，而家电、服装等最终消费品制造业的竞争较大，因而，需要根据不同行业的特性建立行业性质权重，对品牌强度系数予以调整，结果如表 5 - 4 所示：

表 5 - 4　内蒙古自治区驰名商标强度系数、品牌价值等相关数据

驰名商标名称	隶属盟市	强度	品牌价值	排名
伊利	呼和浩特市	19.839	8333076	1
伊利及图	呼和浩特市	17.589	7499769	2
优酸	呼和浩特市	15.339	6249807	3
QQ 星	呼和浩特市	14.214	5833153	4
蒙牛	呼和浩特市	15.5426	4085955	5
未来星	呼和浩特市	12.1676	3064466	6
特仑苏	呼和浩特市	12.1676	3064466	7
绿色心情	呼和浩特市	12.1676	3064466	8
鄂尔多斯	鄂尔多斯市	17.3358	1474716	9
远兴及图	鄂尔多斯市	9.49561	663945	10
维信 VICTION 及图	巴彦淖尔市	15.2701	218385	11
塞飞亚及图	赤峰市	14.9676	174300	12
河套	巴彦淖尔市	15.0498	149895	13
河（图形）	巴彦淖尔市	12.7998	129909	14
汉森	乌海市	11.5117	113268	15
KERCHIN 科尔沁及图	通辽市	14.9903	112666	16
金河	呼和浩特市	12.6929	96707	17
兆君 zhaojun 及图	呼和浩特市	8.13762	95787.4	18
鄂尔多斯及图	鄂尔多斯市	9.30025	87309	19
民族	呼和浩特市	7.01262	83813.9	20

驰名商标名称	隶属盟市	强度	品牌价值	排名
天骄	鄂尔多斯市	11.4851	68180.2	2
北奔	包头市	7.33126	64533	22
响沙及图形	鄂尔多斯市	10.3718	56000	23
奥淳	乌兰察布市	10.3774	54930	24
蒙都	赤峰市	11.4965	44000	25
蒙王及图	通辽市	12.0614	43932	26
谷道粮原	通辽市	10.9411	37554	27
宇航人及图	呼和浩特市	12.0753	36228	28
二龙屯	兴安盟	6.98943	32004	29
大牧场	赤峰市	9.81789	31680	30
三主粮	包头市	8.12317	29151.8	31
"草原"加图形	包头市	16.0483	28059.4	32
罕山	通辽市	8.10167	27992	33
注册号4560599 KINGDEER+图标	包头市	11.6383	26640	34
草原兴发	赤峰市	16.1513	26256	35
鹿王+图标	包头市	10.5133	24420	36
草原红太阳	呼和浩特市	10.3923	23849.8	37
蒙古王	通辽市	7.02421	22435	38
蒙古王	通辽市	7.02421	22435	39
鸿茅	乌兰察布市	6.9988	19096	40
河套	巴彦淖尔市	14.8882	18510	41
吊桥	呼伦贝尔市	9.27572	16182	42
红井源	锡林郭勒盟	9.79417	13340	43
FCKYS及图	巴彦淖尔市	11.4816	13174.7	44
达里湖及图形	赤峰市	5.88626	12228	45
巴运情	巴彦淖尔市	9.02153	11574	46
三花	呼和浩特市	10.3576	11006.9	47
松鹿	呼伦贝尔市	6.98704	10024	48
清谷新禾	通辽市	12.6055	9064.9	49
维多利	呼和浩特市	8.12008	8736	50
兰山	阿拉善	5.94644	8038.08	51
清谷新禾	通辽市	11.4805	7670.3	52

驰名商标名称	隶属盟市	强度	品牌价值	排名
蒙伦达克	包头市	5.91416	7002	53
东方万旗	赤峰市	5.87457	6270	54
健元鹿业	赤峰市	5.85879	6198	55
独伊佳	赤峰市	9.2522	5481	56
宇标及图	通辽市	13.1958	4641	57
北方重工	包头市	9.06014	3798	58
锦秀家园	通辽市	10.9148	3674	59
3000浦	呼和浩特市	7.03981	3262	60
鹏亚	乌兰察布市	5.84853	1800	61
皆佳	呼伦贝尔市	5.8505	1710	62
大林	通辽市	11.4864	1386	63
物华 WUHUA 及图	包头市	7.092	1358	64
"泰"加图形	包头市	8.11087	1080	65
伊泰及图	鄂尔多斯市	9.79027	278	66
"金鹿"	包头市	13.7239	217.98	67
龙驹	包头市	9.22398	27	68
东达蒙古王	鄂尔多斯市	12.6209	−54.99	69
BALINSHI	赤峰市	14.8457	−7725.5	70
宁诚	赤峰市	8.12217	−10400	71
白云鄂博	包头市	8.35762	−31632	72
塞飞亚草原鸭	赤峰市	11.6427	−39275	73

3. 数据分析

根据上述结果，我们可以得出以下分析结论：在内蒙古自治区驰名商标中，排在前10位的商标有伊利、伊利及图、优酸、QQ星、仕奇、蒙牛、未来星、特仑苏、绿色心情以及鄂尔多斯，可以明显看出这些品牌绝大多数集中在呼和浩特市，仅有一个在鄂尔多斯市且排名靠后。同时，呼和浩特市的9个商标中，奶制品占据很大比重，它们都是伊利和蒙牛旗下的商标；而排在后10位的商标有塞飞亚草原鸭、白云鄂博、宁诚、BALINSHI、东达蒙古王、龙驹、"金鹿"、伊泰及图、"泰"加图形和物华 WUHUA 及图，它们主要分布在赤峰市（3个）、包头市（5个）以及鄂尔多斯市（2个）。

根据调查问卷的数据以及经济综合竞争力评价和品牌价值评估的测算结果，本书选取内蒙古自治区12个盟市作为研究对象，数据如表5-5所示。

表5-5 内蒙古自治区12盟市驰名商标品牌价的相关数据

地区	GDP（亿元）	经济竞争力得分（%）	综合排名	品牌价值汇总（万元）	驰名商标（件）
呼和浩特市	2894.05	53.68	3	17119749.14	17
包头市	3636.31	82.39	2	154654.78	12
呼伦贝尔市	1522.26	34.04	6	27916.00	3
兴安盟	459.85	0.43	11	32004.00	1
通辽市	1886.80	40.33	5	293450.40	11
赤峰市	1778.37	49.07	4	249012.27	11
锡林郭勒盟	940.59	17.26	7	13340.00	1
乌兰察布市	872.14	16.49	8	75826.00	3
鄂尔多斯市	4162.18	100.00	1	2350373.42	7
巴彦淖尔市	867.46	10.71	9	541447.70	6
乌海市	600.18	1.42	10	113268.00	1
阿拉善盟	456.03	0.00	12	8038.08	1

资料来源：各盟市2014年国民经济和社会发展统计公报发布及本次调研。

（三）相关性分析

1. 品牌拥有量与县域经济发展程度的相关性分析

各盟市经济总量的发展程度与其品牌的拥有量是有关联的，通过皮尔逊简单线性相关分析可知，品牌拥有量与县域经济发展呈正相关性，驰名商标、著名商标和知名商标与 GDP 的相关程度分别达 0.728、0.732 和 0.790。通常情况下，相关系数为 0~0.3，表示相关程度低；相关系数为 0.3~0.5，表示相关程度一般；相关系数为 0.5~0.7，表示相关程度显著；相关系数为 0.7~0.9，表示相关程度高；相关系数达到 0.9 以上，表明相关程度极高。由此看出驰名商标、著名商标和知名商标与 GDP 的相关程度高。

表 5 - 6 驰名商标拥有量与 GDP 的相关性

		GDP	驰名
GDP	皮尔逊相关	1	0.728 **
	显著性 Sig.（2 - tailed）		0.007
	N	12	12
驰名	皮尔逊相关	0.728 **	1
	显著性 Sig.（2 - tailed）	0.007	
	N	12	12

注：** Correlation is significant at the 0.01 level（2 - tailed）.

表 5 - 7 著名商标拥有量与 GDP 的相关性

		GDP	著名
GDP	皮尔逊相关	1	0.732 **
	显著性 Sig.（2 - tailed）		0.007
	N	12	12
著名	皮尔逊相关	0.732 **	1
	显著性 Sig.（2 - tailed）	0.007	
	N	12	12

注：** Correlation is significant at the 0.01 level（2 - tailed）.

表 5 - 8 知名商标拥有量与 GDP 的相关性

		GDP	知名
GDP	皮尔逊相关	1	0.790 **
	显著性 Sig.（2 - tailed）		0.002
	N	12	12
知名	皮尔逊相关	0.790 **	1
	显著性 Sig.（2 - tailed）	0.002	
	N	12	12

注：** Correlation is significant at the 0.01 level（2 - tailed）.

2. 品牌拥有量与县域经济竞争力的相关性分析

通过皮尔逊简单线性相关分析可知，品牌拥有量与县域经济竞争力呈正相关性，驰名商标、著名商标和知名商标与经济竞争力指数的相关程度分别达 0.693、0.687 和 0.803。根据上面对相关系数度量标准的解释，可以看出驰名商标、著名商标与经济竞争力指数的相关程度显著，知名商标与经济竞争力指数的相关程度高，因为一个地区的知名品牌数量相对于驰名和著名品牌来说较多。

表5-9　驰名商标拥有量与经济竞争力的相关性

		经济竞争力	驰名
经济竞争力	皮尔逊相关	1	0.693*
	显著性 Sig.（2-tailed）		0.013
	N	12	12
驰名	皮尔逊相关	0.693*	1
	显著性 Sig.（2-tailed）	0.013	
	N	12	12

注：* Correlation is significant at the 0.05 level（2-tailed）.

表5-10　著名商标拥有量与经济竞争力的相关性

		经济竞争力	著名
经济竞争力	皮尔逊相关	1	0.687*
	显著性 Sig.（2-tailed）		0.014
	N	12	12
著名	皮尔逊相关	0.687*	1
	显著性 Sig.（2-tailed）	0.014	
	N	12	12

注：* Correlation is significant at the 0.05 level（2-tailed）.

表5-11　知名商标拥有量与经济竞争力的相关性

		经济竞争力	知名
经济竞争力	皮尔逊相关	1	0.803**
	显著性 Sig.（2-tailed）		0.002
	N	12	12
知名	皮尔逊相关	0.803**	1
	显著性 Sig.（2-tailed）	0.002	
	N	12	12

注：** Correlation is significant at the 0.01 level（2-tailed）.

　　企业是县域经济活动的微观基础，品牌企业不仅能够有利于县域经济发展，而且是县域竞争力的源泉。企业价值是企业竞争力的集中体现，反映了企业在市场营销、产品品质保障、技术创新能力和产品影响力等方面的综合能力，一个区域所拥有的知名、著名和驰名品牌越多，其竞争力就越强。通过对品牌拥有量与内蒙古自治区县域经济发展水平以及经济综合竞争力水平之间的相关分析，二者都证实了品牌价值与县域经济的发展水平有较强的正相关性，它们之间存在较强的相互作用。一个拥有较多品牌的区域一定会在经济发展中占据优势地位，如内蒙古自治区 12 个盟市中品牌数量排名靠前的几个盟市：鄂尔多斯市、呼和浩特市、包头市、通辽市以及赤峰市，它们的盟市 GDP 排名也与该顺序基本一致。而对于品牌培育与建设较弱的地区而言，结合自身特点创立更多的品牌，尤其是培育出能够具有较强产业集聚及产业关联效用的名牌龙头企业是实现该地区经济发展的重要方面。

三、品牌对县域经济发展的贡献度测算

以上分析结果说明品牌与县域经济发展之间存在着正相关性的关系，进而证明了品牌对县域经济发展具有促进的作用。为了进一步量化品牌对县域经济发展促进作用的程度，本书拟以品牌对县域经济发展的作用效果为目标，通过构建品牌对县域经济发展的作用指标体系来测算贡献度。

（一）品牌促进县域经济发展的评价指标确立

1. 评价指标选择原则

指标体系设计是为了建立品牌对区域经济发展的贡献度测定模型，实现综合的评价，为政府主管部门、社会中介组织以及企业实施名牌战略，加快品牌企业的培育和发展，促进区域经济发展既提供决策依据，又提供理论支持。为此，该指标体系设计应遵循以下原则：

第一，指标体系科学性和先进性原则。它应当有效地反映出品牌针对地区经济、社会等方面影响的因素，反映出品牌的基本特征。

第二，指标体系系统性原则。为了实现对品牌贡献的综合评价，该指标体系必须层次结构合理，协调统一，比较全面地反映区域中品牌的基本状态，并能为品牌进一步发展以及政府宏观规划提供必要的数据。

第三，定性分析与定量分析相结合的原则。为了进行综合评价，必须将部分反映品牌基本特点的定性指标定量化、规范化，为采用定量评价奠定基础。

第四，指标选择的可能性和相对性。由于受现行统计资料的限制以及不同企业间对比分析的要求，所以不宜过多选用总量指标，而应较多地采用相对比较指标。

第五，可行性与可操作性原则。设计的指标应尽量具有可采集性和可量化性特点，各项指标能够有效测度或者统计。

第六，注意指标之间的同向性。一般说来，指标值的大小对经济效益的作用

存在两种相反的情况，一种是其值越大越好，另一种是其值越小越好。为了使指标之间具有可比性，应当把所有指标都表示为同一方向，抑或是采用原指标的负值进入计算。

2. 评价指标的选择及分析

（1）总目标的分析。本书所要研究的是品牌企业对区域经济发展的贡献率，简称品牌贡献率。根据研究对象，本书所研究的品牌企业包括单个品牌企业和多个品牌企业组成的区域品牌。这可以从两个方面来理解：

第一，品牌企业对区域经济发展的作用要反映一个企业对本地经济发展的影响。企业对本地经济发展的影响又主要体现在企业的投入和产出上。因为经济的发展不仅意味着产出量的增加，而且表现为社会的进步、环境的改善、人们生活水平的提高等多方面。作为微观经济活动主体之一的企业，在不断进行投入与产出的经营活动中，一方面通过资本要素的投入、劳动要素的投入使之产出更多的产品从而实现社会产量的增加；另一方面通过技术的改进来提高投入与产出的比率来实现产量的增加，从而实现区域经济的发展。

第二，品牌企业对区域经济发展的作用要反映"品牌"对本地经济发展的影响。品牌企业是相对于非品牌企业而言的，与其最大的区别在于品牌企业具有品牌价值。企业的品牌价值主要体现在两个方面：微观的品牌资本增值效用和宏观的品牌关联带动效用。

首先，相对于非品牌企业而言，品牌企业通过注册商标及进行品牌培育与建设，一方面在法律上获得了独特标志的专有性认可；另一方面在市场上获取了消费者的认可，从而逐步形成了能够反映企业特色、具有溢价能力、受到顾客忠诚的无形的品牌资本。而且，随着企业对无形资产投入的不断增加，消费者对品牌的认可关系不断强化，品牌无形资本的增值性能够得到体现，因此具有无形资本的增量。虽然目前包括学术界和实践领域的众多专家、学者依据不同的方法建立了众多品牌价值评估指标体系及方法，但是总体来看，各类品牌价值评估方法中都包含了对品牌美誉度、品牌知名度、品牌忠诚度、品牌市场开拓能力、品牌溢价能力以及品牌获利能力的测量和分析，这也反映了品牌价值的基本评价标准。

其次，随着品牌企业价值的不断提高，逐步成长为高价值的名牌企业（或称龙头企业）。该类品牌在高美誉度、高知名度、高忠诚度的市场认可下，一方面能够对产业链上相关环节的企业起示范带动效用，有助于产业集聚，从而带动整个产业的发展；另一方面随着产业的发展，能够带动区域内相关产业的发展，从而实现区域内经济发展。因此，为了全面体现品牌企业对区域经济发展的影响，不仅应该考虑企业的投入产出效用，而且应该分析企业的品牌增值效应和品牌关联带动效用。

另外，区域经济发展也可以从两个方面进行理解：第一，区域经济发展的广义性。目前经济增长与经济发展的含义学术领域存在着一定的分歧，总体来说，经济增长和经济发展虽然都追求个人所得和国民生产总值的提高，但经济增长关心的重点是物质方面的进步、生活水准的提高，往往以国民生产总值来测定；而经济发展不仅关心国民生产总值的增长，更关心结构的改变、社会制度、经济制度、价值判断、意识形态的变革以及就业状况、职业保障、资源利用、生态环境、升迁机会以及保健、教育等多个方面，且经济发展着眼长期而不是短期。第二，区域范围界定。企业的发展是一个动态的过程，企业规模也呈现出不同的态势，有时候企业组织的边界很难界定，甚至有无边界企业组织或称虚拟企业。因为企业经营活动的范围可能在某一个小区域范围内，如县域企业、市级企业，也可能在某一个较大范围内，如一个省域范围内，或是在一个更大的范围内，如在一个国家范围内甚至在国际范围内。因此在测量品牌企业的经营活动对区域经济的影响中，应该视研究的对象和目标来确定区域的范围。所以，可以是一个品牌企业对某个地区经济的贡献率，也可以是对某个省域经济的贡献率，或是对某个国家甚至全球经济的贡献率。这主要取决于品牌企业的经营活动区域以及研究目标和意义。

（2）具体指标的选取。结合上述分析，本书确定选择品牌企业的产出效应、品牌企业的劳动力效应、品牌的资本增值效用以及品牌企业的影响度效应作为品牌促进区域经济发展贡献度测量的评价指标。品牌企业的产出效应和品牌企业的劳动力效应主要是从企业视角分析品牌企业对区域经济发展的影响；品牌的资本增值效用和品牌企业的影响度效应主要是从品牌视角探索品牌企业对区域经济发展的影响。具体指标见表 5 - 12 和图 5 - 6。

表 5 - 12　评价指标的选择及说明

目标层	准则层	方案层	指标层
品牌对县域经济的贡献度	产出指标（X_1）	社会贡献度指数 X_{11}	利税贡献。利税贡献主要是指品牌企业上缴利税占财政收入的比重，主要反映企业的税收贡献，计算公式：利税贡献度 = 企业上缴地方政府利税/地区财政收入 ×100%
		经济收益指数 X_{12}	收益指数主要是指品牌企业创造的税后收入占地区 GDP 的比重，本指标主要反映企业的经济效益，计算公式：收入指数 = 企业的税后收入/地区国民生产总值×100%
		品牌质量指数 X_{13}	采取专家意见法，综合考虑各类评价标准及认证资格以及目前中国企业发展的现状，将品牌企业的质量程度量化成不同的分值以体现各品牌之间差异的大小

目标层	准则层	方案层	指标层
品牌对县域经济的贡献度	劳动力指标（X_2）	就业弹性 X_{21}	就业弹性是指某品牌企业的发展对劳动力的吸纳能力，计算公式：就业弹性＝企业产值的增长率/就业增长率
		区位商指数 X_{22}	区位商原本是用来描述地区生产某类产品在从业人数方面的专业化程度，计算公式：区位商＝（企业从业人数/本地区从业人数）/地区平均就业率
	品牌资本增值指标（X_3）	单个品牌资本增值指数 X_{31}	Interbrand 品牌评估法，计算公式：单个品牌增值指数＝单个品牌价值/区域内品牌价值×100%
	品牌影响度指标（X_4）	品牌影响度指数 X_{41}	品牌影响度指数＝品牌企业产值/县域 GDP

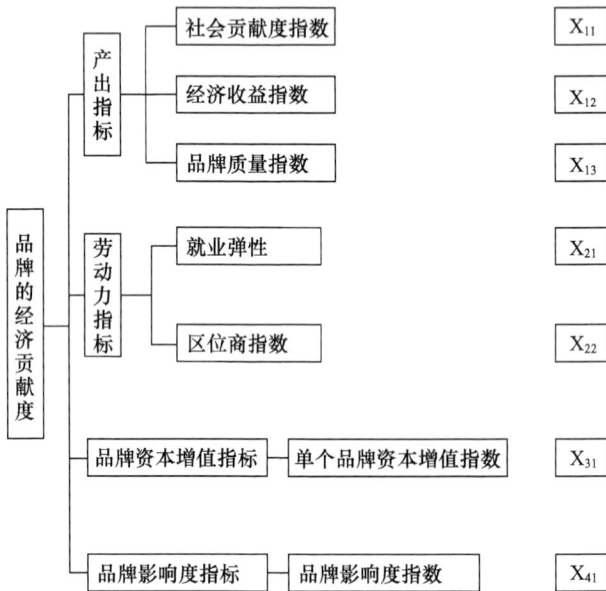

图 5－6　区域经济发展的品牌贡献分析指标基本框架

1）产出指标（X_1）。产出指标主要包括社会贡献指数、经济收益指数、品牌质量指数三个方面。

首先，社会贡献指数。利税贡献主要是指品牌企业上缴利税占财政收入的比重，主要反映企业的税收贡献，计算公式如下：

利税贡献度 = 企业上缴地方政府利税/地区财政收入 × 100%

利税贡献度反映了企业对地区财政的贡献，有利于地区国民经济积累与分配的合理规划。从企业自身角度分析，选取利税指数可能有些偏颇，不同企业不同行业的利税指数成本消耗各不相同，但是考虑区域政府的观点和整个地区经济的发展，仍需以应上缴利税作为衡量企业对地区乃至国家经济贡献的主要标准；对于同一地区的不同品牌，利税指数高低则意味着对地区经济贡献的高低。而不同地区的不同品牌，利税指数则可以表明不同品牌在不同地区中的经济地位，指数越高表明地位越高，即使是上缴利税也一样，但由于地区财政收入的差别其地位也就各有不同。

其次，经济收益指数。收益指数主要是指品牌企业创造的税后收入占地区国民生产总值的比重，本指标主要反映企业的经济效益，计算公式如下：

收入指数 = 企业的税后收入/地区国民生产总值 × 100%

收入指数反映了企业对地区国民经济发展的贡献，是地区经济增长的主要体现。从分析整个区域经济发展的要求来看，选取收入指标仍是衡量企业对地区乃至全国经济贡献的主要因素。对于同一地区的不同品牌，收入指数高低则意味着对地区经济贡献的高低；不同地区的品牌，收入指数则可以表明不同品牌在不同地区中的经济地位，指数越高表明地位越高。

再次，品牌质量指数。质量是品牌的基础，品牌之所以有市场竞争力，能获得顾客的忠诚度，最直接的原因是有可靠的质量保证。企业一定要视质量为品牌之生命，坚持以质量为本、重视产品质量；全面落实各项质量管理措施，建立和健全质量抽查监督网络；落实各项质量管理制度，重视市场的各种信息反馈；建立和完善售后服务体系，夯实名牌战略基础。要全面衡量企业的产品质量涉及的内容较多，评价的方法各有差异。本书认为应该从品牌企业的产品质量标准化程度、产品质量的管理体系认证获取情况、产品质量的信用评价程度、产品质量的安全性评价、产品环保指数以及产品能耗程度等多方面来衡量品牌企业的质量状况以及对区域经济发展的影响。

2）劳动力指标（X_2）。劳动力指标主要包括就业弹性和区位商指数两个方面：

第一，就业弹性。就业弹性是指某品牌企业的发展对劳动力的吸纳能力，就业弹性的影响因素包括三个方面：首先是价格，价格上涨快，产值增长快，就业弹性值则下降，反之则相反。其次是应用技术性质，当使用资本节约型技术，则吸收的劳动力将以更快速度增长，就业弹性则提高，使用劳动节约型技术，就业弹性减小。再次是企业的性质，各企业性质不同，其生产性质不同，其生产资料与劳动力构成比例不一样。计算公式如下：

就业弹性 = 企业产值的增长率/就业增长率

就业弹性与劳动生产率成反比关系，而且就业弹性大的产值中劳动力贡献大，相应地用于工资分配的也就多，可能会影响积累，表面上似乎如此，实则不然。衡量生产率应当用综合要素生产率，包括资本和劳动，而劳动生产率与资本生产率此消彼长，不论如何变化，只要综合要素生产率提高就是合理的。因此，单纯地将就业弹性与劳动生产率放在一起比较是缺乏全面意识的。另外，就业弹性大的企业吸收劳动力多，一方面有利于社会稳定；另一方面也减少了农业中隐性失业，实现了剩余劳动力的转移，农业劳动生产率提高，同时剩余劳动力的边际劳动生产率也有提高，从而使整个社会劳动生产率提高。对于积累，由于我国积累与消费比例由中央决定，加上企业短视，将大部分留用于奖金、福利支出以及工资中有一部分转化为积累，因而就业弹性对积累的作用非常小。

第二，区位商指数。区位商原本是用来描述地区生产某类产品在从业人数方面的专业化程度。专业化程度则是生产集中在空间上的特殊表现形式，或者说是社会分工的空间表现。本书使用区位商则是为了分析企业对地区劳动力就业的贡献程度，具体计算公式为：

区位商 = （企业从业人数/本地区从业人数）/地区平均就业率

3）品牌资本增值指标（X_3）。品牌资本增值指标包括单个品牌资本增值指数。单个品牌资本增值体现为品牌企业价值的测算与评估，因为品牌价值是综合体，既反映品牌的市场美誉度、知名度、忠诚度，是品牌与消费者之间的关系纽带；又是一个企业包括市场开拓力、市场占有率、溢价能力在内的品牌竞争力的体现。本书的品牌价值是根据驰名商标问卷调查数据确定，此处选取了商标类别、企业从业人数、广告宣传、商标认定时间、商标的"农牧业产业化龙头企业"所属类别作为相关指标，进行品牌强度的计算。因此，单个品牌资本增值指数计算公式如下：

单个品牌增值指数 = 单个品牌价值/区域内品牌价值 × 100%

4）品牌影响度指数（X_4）。

品牌影响度指数 = 品牌企业产值/区域 GDP

（二）指标体系权重的确定

1. 确定评价灰类

通过对大量相关文献的阅读分析以及对有关专家、学者访谈，主要是依据德尔菲法，设计如表 5-13 所示的品牌对区域经济贡献度指标评价体系。本评价指标体系中设立 3 个评价灰类："较弱"、"一般"、"较强"。通过确定评价灰类的等级（较弱、一般、较强），灰类的灰数及灰数的三角白化权函数，依据最大值原则，计算出某品牌关于灰类的综合聚类系数，根据综合聚类系数的大小确定同属于灰类之各个对象的位次。

表 5 – 13　品牌企业对区域经济贡献指标评价体系

目标层	准则层	指标层	权重
品牌对县域经济的贡献度	产出指标（X_1）	社会贡献度指数 X_{11}	0.1971
		经济收益指数 X_{12}	0.1453
		品牌质量指数 X_{13}	0.1410
	劳动力指标（X_2）	就业弹性 X_{21}	0.0605
		区位商指数 X_{22}	0.0605
	品牌资本增值指标（X_3）	单个品牌资本增值指数 X_{31}	0.1210
	品牌影响度指标（X_4）	品牌影响度指数 X_{41}	0.2925

2. 分指标取数域延拓值确定

白化权函数有如下三种，灰类序号为 e，本文 $e = 1$、2、3，则：

第一类"较强"（$e = 1$），灰数 $\otimes_1 \in [d, \infty]$，其白化权函数为 f_1，表达式为：

$$f_1 = \begin{cases} 0, & x \notin [0, \infty] \\ x/d_1, & x \in [0, d_1] \\ 1, & x \in [d_1, \infty] \end{cases}$$

第二类"一般"（$e = 2$），灰数 $\otimes_2 \in [0, d_2, 2d_2]$，其白化权函数为 f_2，表达式为：

$$f_2 = \begin{cases} 0, & x \notin [0, 2d_2] \\ x/d_2, & x \in [0, d_2] \\ (x - 2d_2)/-d_2, & x \in [d_2, 2d_2] \end{cases}$$

第三类"较弱"（$e = 3$），灰数 $\otimes_3 \in [0, d_3, 2d_3]$，其白化权函数为 f_3，表达式为：

$$f_3 = \begin{cases} 0, & x \notin [0, 2d_3] \\ 1, & x \in [0, d_3] \\ (x - 2d_3)/-d_3, & x \in [d_3, 2d_3] \end{cases}$$

按照前面提及的分指标灰类，本指标体系的三角白化权函数的一般形式如下：

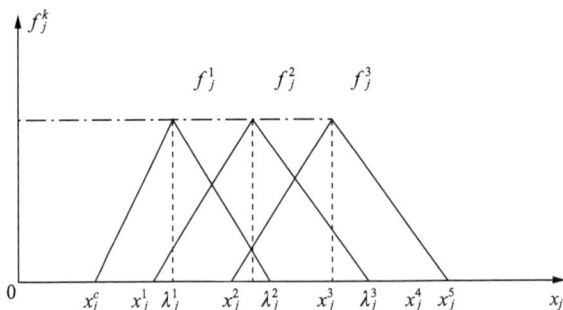

其中 x_j^0 和 x_j^5 为延拓值，对于 j 指标的一个观测值 X，可以计算出其 K（$K = 1$，2，3）的隶属度 $f_j^k(x)$。

$$f_j^k(x) = \begin{cases} 0, & x \notin [x_j^{k-1}, x_j^{k+2}] \\[2mm] \dfrac{x - x_j^{k-1}}{\lambda_j^k - x_j^{k-1}}, & x \in [x_j^{k-1}, \lambda_j^k] \\[2mm] \dfrac{x_j^{k+2} - x}{x_j^{k+2} - \lambda_j^k}, & x \in [\lambda_j^k, x_j^{k+2}] \end{cases}$$

其中，$\lambda_j^k = (x_j^k + x_j^{k+1})/2$。

（三）品牌企业对内蒙古自治区经济发展的贡献度实证

2014 年，内蒙古自治区实现地区生产总值（GDP）17769.5 亿元，按可比价格计算，比 2013 年增长 7.8%。其中，第一产业实现增加值 1627.2 亿元，增长 3.1%；第二产业实现增加值 9219.8 亿元，增长 9.1%；第三产业实现增加值 6922.6 亿元，增长 6.7%。按常住人口计算，当年全自治区人均 GDP 达到 71044 元，增长 7.5%。三次产业的结构比例为 9.1∶51.9∶39，对经济增长的贡献率分别为 6.01%、60.53% 和 33.46%。

在《财富》杂志评选的 2014 年中国 500 强企业中，内蒙古自治区共有 4 家企业进入，内蒙古电力（集团）有限责任公司排在第 205 位，其余 3 家企业分别为排在第 235 位的包头钢铁（集团）有限责任公司、排在第 253 位的内蒙古伊利实业集团股份有限公司和排在第 317 位的内蒙古伊泰集团有限公司。其中，从内蒙古自治区电力（集团）有限责任公司的营业收入为 603.3769 亿元，排在内蒙古自治区上榜企业第一位，较 2013 年营业收入有所增加，但排名却下降了；包头钢铁（集团）有限责任公司、内蒙古伊利实业集团股份有限公司和内蒙古伊泰集团有限公司的营业收入分别为 507.5733 亿元、477.7887 亿元和 364.6355 亿元。所以工业能源企业对内蒙古自治区贡献较大，不仅引领了内蒙古自治区经济的发展，同时也带动了内蒙古自治区工业的发展和崛起。

内蒙古品牌企业的经营活动范围来看，没有一家品牌企业覆盖了全自治区各区域范围，各企业对内蒙古自治区经济发展的影响基本上是在市级区域范围内。因此，本书以74个驰名商标、650个著名商标、1167个知名商标为研究总样本，对抽样样本选取2014年各个企业的社会贡献度指数、经济收益指数、品牌质量指数等7个指标，运用品牌促进区域经济发展贡献度模型分别测算单个品牌企业对内蒙古自治区经济发展的贡献度以及品牌企业对内蒙古自治区区域经济发展的总体贡献度。

内蒙古自治区产品在激烈的市场竞争中崛起了一批在国内甚至国际上都有知名度的名牌企业，如"伊利"、"鄂尔多斯"等。截至2014年底，自治区有64家品牌企业（包含74个驰名商标），伊利作为内蒙古自治区典型的驰名商标，对区域经济贡献较大已是业内公认，下面将对其进行详细分析，从定量角度实证上述所构造的分析模型与方法，并对自治区驰名、著名、知名商标企业的贡献度以及品牌企业对内蒙古区域经济发展的总体贡献度进行测算。

1. 伊利企业情况

2014年，伊利股份实现营业总收入544.36亿元；净利润41.67亿元，扣除非净利润同比增长71.19%，伊利集团由液态奶、冷饮、奶粉、酸奶和原奶五大事业部组成，所属企业近百个，旗下拥有金典有机奶、营养舒化奶、QQ星儿童成长奶、味可滋、巧乐滋、伊利牧场、冰工厂、金领冠、托菲尔、每益添、安慕希等1000多个产品品种。

伊利倡导健康的生活方式，通过与消费者的沟通与互动，宣传绿色理念，分享绿色行动，倡导绿色生活，促进环境保护和社会和谐。伊利在业内首倡的"绿色产业链"，践行与自然、社会、公众、行业合作伙伴的和谐共赢之路，从而形成整个产业链可持续发展的"绿色生态圈"。

伊利集团不断满足国人对健康和幸福生活的追求：与专业机构联合创建了国内第一个"乳业研究院"；携手国内外多方权威营养机构，通过对中国母乳的潜心研究，建立了全球第一个针对中国人的母乳数据库；发布了首部《中国母乳研究白皮书》；创立了"母婴营养研究中心"；发布了首部《中国母乳研究白皮书》；引领中国乳品行业在针对中国人群特别是中国母婴的营养研究工作上进入了系统化、规范化的发展时代。伊利持续聚焦"青少年、社区、环境"，截至2014年在公益事业上累计投入近8亿元，体现了一个品牌应有的社会责任感。

伊利一直秉承"厚度优于速度、行业繁荣胜于个体辉煌、社会价值大于商业财富"的发展观。伊利以自身的良好经营、与环境的和谐共处、与社会的多方共赢带动了企业公民理念在中国商界的普及。截至2014年底，伊利为养奶牛户累计发放奶款项突破千亿元，以滚动的方式累计向农户发放购牛款突破 30 亿元，带动 500 万奶农走上了脱贫致富的道路。

2. 数据处理及分析

表 5 - 14 为伊利企业 2014 年主要各项评价指标实现值。

表 5 - 14　伊利企业各品牌各指标值

品牌	QQ 星	优酸	伊利及图	伊利
X_{11} 社会贡献度指数	0.1295	0.1295	0.1295	0.1295
X_{12} 经济收益指数	0.1786	0.1786	0.1786	0.1786
X_{13} 品牌质量指数	7	7.5	9	10
X_{21} 就业弹性	15.1592	15.1592	15.1592	15.1592
X_{22} 区位商指数	0.0337	0.0337	0.0337	0.0337
X_3 单个品牌资本增值指数	0.1407	0.1507	0.1809	0.2010
X_4 品牌影响度指标	0.1881	0.1881	0.1881	0.1881

（1）计算伊利品牌各指标的白化权函数。将伊利品牌社会贡献指数 $X_{11} = 0.1295$ 代入白化权函数，可以计算该品牌关于社会贡献指数这一指标对"较弱"、"一般"、"较强"三个灰类的白化权函数分别为：

$$f_{11}^1(12.9520) = 0 \quad f_{11}^2(12.9520) = 0.1511 \quad f_{11}^3(12.9520) = 0.9040$$

从所得结果可以看出，就社会贡献指数而言，伊利品牌已进入较强的行列。同理，分别如表 5 - 14 可以计算出伊利品牌其他所有指标关于三个不同灰类的白化权函数值，如表 5 - 15 所示：

表 5 - 15　伊利品牌对县域经济贡献度
各指标不同灰类的白化权函数值

代号	x_{11}	x_{12}	x_{13}	x_{21}	x_{22}	x_{31}	x_{41}
f_j^1	0	0	0	0.3514	0	0.4422	0
f_j^2	0.1511	0.0008	0	0.9804	0	0.8911	0
f_j^3	0.9040	0.8574	0.853	0.3151	0.8567	0.2405	0.8345

（2）品牌的综合聚类系数。由已计算出的分指标白化权函数值，根据 δ_i^k 的计算公式，伊利品牌对内蒙古关于灰类 K（$K = 1, 2, 3$）的综合聚类系数如下：

$$\delta^1 = \sum_{j=1}^{7} f_j^1(x) * \eta_j = 0.0748$$

$$\delta^2 = \sum_{j=1}^{7} f_j^2(x) * \eta_j = 0.1971$$

$$\delta^3 = \sum_{j=1}^{7} f_j^3(x) * \eta_j = 0.7731$$

由 $\max\limits_{1 \leq k \leq 3}\{\delta_i^k\} = 0.7731 = \delta^3$，可以认为伊利品牌对内蒙古自治区经济发展的贡献度已达到"较强"灰类，且处于较高的水平。这一结果与该品牌在内蒙古自治区无论是利税、社会贡献、品牌价值、产业关联等方面均处于较高水平的实际情况是一致的，因此对自治区品牌企业品牌贡献度分析将基于对伊利的个案分析与实证结果来进行。

（四）驰名商标品牌贡献度分析

1. 驰名商标品牌贡献度

内蒙古自治区 64 家品牌企业（包含 74 个驰名商标）中属于第一产业、第二产业的有 59 家，拥有驰名商标 69 个，占比 94%；第三产业有 5 家企业，拥有驰名商标 5 个，占比 7%。由此我们可以看出，驰名企业中工业、能源、纺织、酿酒行业所占比重较大，即第一产业、第二产业的比重较大。依据自身的特点和相对比较资源优势，自治区通过打造工业品牌、畜牧业品牌、能源品牌、纺织品牌等，来带动区域经济的发展，作为驰名品牌对内蒙古自治区经济贡献力度是否强劲，"呼包鄂"驰名品牌是否真正引领带动区域品牌经济发展，从重点发展旗县品牌发展战略中能否找到相对落后旗县品牌产业发展路线，从而缩小县域经济差距。以上亟待解决的问题是下文进行分析的重点。

表 5-16　各驰名品牌综合聚类系数与贡献度排名

驰名商标名称	隶属盟市	贡献度	综合聚类系数			贡献程度	排名
			一般	较强	强		
伊利	呼和浩特市	0.89901	0.07477	0.19706	0.77307	强	1
QQ 星	呼和浩特市	0.89409	0.11766	0.30170	0.69672	强	2
优酸	呼和浩特市	0.88569	0.09475	0.28426	0.71977	强	3
伊利及图	呼和浩特市	0.88327	0.08018	0.23192	0.77990	强	4
蒙牛	呼和浩特市	0.88138	0.12413	0.37468	0.75345	强	5
未来星	呼和浩特市	0.87197	0.19784	0.26732	0.67286	强	6
特仑苏	呼和浩特市	0.87186	0.19784	0.26732	0.67286	强	7

驰名商标名称	隶属盟市	贡献度	综合聚类系数			贡献程度	排名
			一般	较强	强		
绿色心情	呼和浩特市	0.85948	0.19784	0.26732	0.67286	强	8
鄂尔多斯	鄂尔多斯市	0.84569	0.00000	-0.00917	0.52464	强	9
河（图形）	巴彦淖尔市	0.81401	0.08746	0.51541	0.15766	较强	10
河套	巴彦淖尔市	0.80853	0.13839	0.29896	0.46507	强	11
远兴及图	鄂尔多斯市	0.78979	0.03927	0.10021	0.05257	较强	12
金河	呼和浩特市	0.78628	0.06568	0.16517	0.14715	较强	13
维信	巴彦淖尔市	0.78594	0.09608	0.20813	0.17483	较强	14
宇标	通辽市	0.77979	0.28098	0.33250	0.04715	较强	15
清谷新禾	通辽市	0.77650	0.16700	0.24311	0.04715	较强	16
"金鹿"	包头市	0.77358	0.12530	0.23348	0.08456	较强	17
清谷新禾	通辽市	0.76043	0.16700	0.24311	0.04715	较强	18
BALINSHI	赤峰市	0.75214	0.00352	0.19935	0.09568	较强	29
"草原"加图形	包头市	0.73969	0.20334	0.21646	0.13105	较强	20
科尔沁+kerchin及图	通辽市	0.73743	0.16720	0.21531	0.17221	较强	21
草原兴发	赤峰市	0.73295	0.12348	0.20220	0.10916	较强	22
东达蒙古王	鄂尔多斯市	0.73055	0.00194	0.19602	0.09654	较强	23
河套	巴彦淖尔市	0.72983	0.01833	0.18053	0.14349	较强	24
巴运情	巴彦淖尔市	0.72806	0.00045	0.06566	0.00906	较强	25
北方重工	包头市	0.72667	0.07727	0.54775	0.00946	较强	26
注册号4560599 KINGDEER+图标	包头市	0.72636	0.00492	0.12647	0.04781	较强	27
塞飞亚及图	赤峰市	0.72599	0.13356	0.29732	0.18052	较强	28
鹿王+图标	包头市	0.72519	0.10246	0.46899	0.02353	较强	39
蒙王及图	通辽市	0.72372	0.42882	0.11786	0.04248	一般	30
白云鄂博	包头市	0.71984	0.00921	0.31844	0.03034	较强	31
伊泰及图	鄂尔多斯市	0.71590	0.53995	0.04255	0.00000	一般	32
北奔	包头市	0.71304	0.45133	0.48140	0.02638	较强	33
响沙及图形	鄂尔多斯市	0.70467	0.49378	0.04256	0.00000	一般	34
蒙都	赤峰市	0.70158	0.43718	0.09718	0.02895	一般	35
宇航人及图	呼和浩特市	0.70121	0.44878	0.07937	0.02865	一般	36
维多利	呼和浩特市	0.69991	-0.00177	0.55592	0.00000	较强	37

续表

驰名商标名称	隶属盟市	贡献度	综合聚类系数			贡献程度	排名
			一般	较强	强		
天骄	鄂尔多斯市	0.69977	0.48095	0.04696	0.00685	一般	38
鄂尔多斯及图	鄂尔多斯市	0.69879	0.52464	−0.00917	0.00000	一般	39
独伊佳	赤峰市	0.69112	0.51800	0.01541	0.00000	一般	40
谷道粮原	通辽市	0.68330	0.43206	0.08474	0.01590	一般	41
大牧场	赤峰市	0.68330	0.46265	0.06044	0.00784	一般	42
大林	通辽市	0.66866	0.47149	0.05120	0.00685	一般	43
FCKYS 及图	巴彦淖尔市	0.66115	0.45259	0.06570	0.01094	一般	44
草原红太阳	呼和浩特市	0.65783	0.50323	0.03004	0.00000	一般	45
三主粮	包头市	0.64473	0.45072	0.04915	0.02988	一般	46
宁诚	赤峰市	0.60384	0.52654	−0.00586	0.00590	一般	47
锦秀家园	通辽市	0.60042	0.45958	0.05628	0.00685	一般	48
龙驹	包头市	0.59848	0.49860	0.01717	0.00326	一般	59
鸿茅	乌兰察布市	0.59691	0.39960	0.05811	0.05820	一般	5
兆君 zhaojun 及图	呼和浩特市	0.59505	0.00755	0.19805	0.00000	一般	51
"泰"加图形	包头市	0.59247	0.53995	0.04255	0.00000	一般	52
物华 WUHUA 及图	包头市	0.59095	0.00152	0.49653	0.01174	较强	53
吊桥	呼伦贝尔市	0.58944	0.41730	−0.02626	0.11174	一般	54
民族	呼和浩特市	0.57435	−0.01854	0.51927	0.00000	一般	55
罕山	通辽市	0.56173	0.49176	0.00989	0.00000	一般	56
奥淳	乌兰察布市	0.54700	0.42756	−0.02286	0.08929	一般	5
蒙古王	通辽市	0.53645	0.48548	0.00069	0.00000	一般	58
蒙古王	通辽市	0.54270	0.48548	0.00069	0.00000	一般	59
三花	呼和浩特市	0.54099	0.45433	0.01574	0.00000	一般	60
松鹿	呼伦贝尔市	0.53711	0.38698	0.00239	0.07464	一般	61
汉森	乌海市	0.53330	0.36287	0.02430	0.07354	一般	62
3000 浦	呼和浩特市	0.52830	0.47834	−0.02873	0.00000	一般	63
东方万旗	赤峰市	0.49366	0.45005	−0.04334	0.00000	一般	64
红井源	锡林郭勒盟	0.49015	0.37829	−0.02154	0.04654	一般	65
健元鹿业	赤峰市	0.47783	0.44431	−0.04297	0.00000	一般	66
蒙伦达克	包头市	0.45973	0.43786	−0.03749	0.00000	一般	67
塞飞亚草原鸭	赤峰市	0.43840	0.34398	0.02694	0.02700	一般	68

驰名商标 名称	隶属盟市	贡献度	综合聚类系数			贡献程度	排名
			一般	较强	强		
达里湖及图形	赤峰市	0.43616	0.43555	- 0.04022	0.00000	一般	79
皆佳	呼伦贝尔市	0.42222	0.43224	- 0.03842	0.00000	一般	70
鹏亚	乌兰察布市	0.42215	0.44057	- 0.04827	0.00000	一般	71
兰山	阿拉善	0.42137	0.41146	- 0.08078	0.04654	一般	72
二龙屯	兴安盟	0.41950	0.37021	- 0.08216	0.04654	一般	73

从表 5 - 16 可以看出，内蒙古自治区 74 个驰名品牌贡献度为 0.4 ~ 0.8，在此基础上，根据企业的不同类型，对处于同一类型企业的地区贡献度进行简单算术平均，得各类型企业总体贡献，即以此方法可以计算出区域品牌的平均贡献：

$$D^k = \frac{\sum_{i=1}^{n} D_i^k}{n}, k = 1, 2$$

其中，D_i^k 为各个企业的贡献度，n 为驰名商标品牌企业数量。然后，根据区域内各盟市品牌数量比重为权重进行加权算术平均，得出区域内测算企业即区域品牌对地区的总体贡献。计算结果见表 5 - 17。

表 5 - 17　区域品牌对地区的总体贡献计算结果

盟市名称	盟市平均贡献度	权重	加权平均
阿拉善	0.42137	0.01351	0.00569
巴彦淖尔市	0.75459	0.08108	0.06118
包头市	0.66756	0.16216	0.10825
赤峰市	0.61245	0.14865	0.09104
鄂尔多斯市	0.74074	0.09459	0.07007
呼和浩特市	0.76376	0.22973	0.17546
呼伦贝尔市	0.51626	0.04054	0.02093
通辽市	0.67010	0.14865	0.09961
乌海市	0.53330	0.01351	0.00721
乌兰察布市	0.52202	0.04054	0.02116
锡林郭勒盟	0.49015	0.01351	0.00662
兴安盟	0.41950	0.01351	0.00567

最终贡献度：0.67290

因此，上述各驰名品牌对内蒙古自治区经济发展的总贡献度为0.67290。总贡献度在74个驰名品牌贡献指数中处于较强水平，所以64家企业对区域经济总体贡献度有待提高。下面从两方面分析该结果：

第一，打造产业集群促进区域经济发展。伊利多年来一直以强劲的实力领跑中国乳业，在消费者心目中有着良好的品牌形象，而蒙牛正是利用伊利已有的品牌形象实现了自身的快速发展，成为内蒙古自治区数一数二的龙头企业，并且带动了关联企业的成长，如农牧业与奶牛养殖；"鄂尔多斯"品牌作为贡献程度"强"的驰名商标，带动内蒙古自治区羊绒纺织行业，使"鹿王"、"兆君"、"维信"等品牌市场认可度大大增加，形成了一个巨大的羊绒产业集群，但是从表5–17羊绒品牌的贡献程度看，除"鄂尔多斯"贡献程度强以外，其余为较强或一般，技术相对落后，原材料供应不稳定的影响以及专业人才匮乏致使企业发展良莠不齐。所以，如何提升产业集群中其他品牌对内蒙古区域经济的贡献程度，如何依靠集群这种集聚、竞合、学习和创新的内在机制优化外部规模，从而促成区域品牌形成，促进区域经济发展成为重大问题。作为中国最大的稀土出口地区包头市，也是工程机械、武器装备出口城市和钢铁工业基地，已初步形成产业集群，包括的企业同样也是自治区驰名品牌，贡献程度为"较强"，并且排名处于20名后，如包头北奔重型汽车有限公司作为区域经济重工业龙头产业，要以技术创新为突破口，调整产品结构，延伸产业链条，形成优质产业集群和规模优势，建立综合开发能力较强、后续发展能力较大的区域经济资源支撑体系。

第二，调整产业结构增加区域经济软实力。从74个驰名商标来看，产业分布不均匀，呈现两头小中间大的局势。属于第一产业、第二产业的驰名商标企业共有59家，而第三产仅占5家，5家企业分别为1家餐饮、3家商业经营、1家交通运输。贡献指数排名靠前的第26名为巴彦淖尔市的"巴运情"品牌，第38名的呼和浩特市"维多利"品牌，其余贡献度一般。虽然第三产业产值占GDP比重逐年上升，发展势头良好，但是缺乏具有代表性的龙头企业，同时，科技、文化产业是自治区品牌企业发展的短板；而且属于第一产业、第二产业的企业对区域经济贡献程度大多"一般"，自第40名之后，除了包头华美稀土高科有限公司的"物华WUHUA及图"为贡献强度较强外，其余34个品牌都在"一般"贡献程度，为食品、服装、医药用品、酒、油脂类、建筑材料等品牌种类。显然，大多数品牌具有自治区独特的草原文化，也是各行业的龙头企业，但是农牧业基础设施投入不足、产业基础薄弱，集约化经营方式不成熟，第三产业实力薄弱、科技落后、人才匮乏制约第二产业企业快速发展。所以，将三次产业同时增加竞争力，培养龙头企业，为自治区驰名商标企业从产业结构角度均衡发展打好基础。

2. "呼包鄂"驰名品牌贡献度

三盟市拥有驰名品牌企业30家，其中3家企业对内蒙古自治区经济贡献程度为"强"，排名在前10位，分别为内蒙古伊利实业集团股份有限公司的伊利、伊利及图、优酸、QQ星，内蒙古蒙牛乳业（集团）股份有限公司的绿色心情、未来星、特仑苏、蒙牛，内蒙古鄂尔多斯资源股份有限公司的鄂尔多斯。从这个结论可以明显看出，位列内蒙古自治区品牌企业贡献度10强的企业主要集中在呼包鄂这些相对发达的地区。在上文叙述中3个企业同样为贡献度"强"，这与企业的实际发展是相吻合的，并且这3家企业总资产都超过百亿元，年销售额收入都超过百亿元，分别为554.36亿元、472.66亿元、155.68亿元，上缴税收都在亿元以上；各个企业都属于区内该行业的引领者，如伊利与蒙牛是内蒙古自治区乳品行业龙头企业，鄂尔多斯市是内蒙古自治区服装羊绒行业的龙头企业。表5－18给出了3家企业2010～2014年总销售收入、税收和利润。从这三家企业的年销售收入和税收总量上来看，每年都是超过百亿元的，这也充分体现了企业对地区经济的贡献程度。从3家企业的年销售收入和税收趋势来看，整体都呈逐年递增之势。

表5－18　2010～2014年三家企业总销售收入、税收、利润表

单位：万元

年份	经营数据	内蒙古伊利实业集团股份有限公司	内蒙古蒙牛乳业股份有限公司	内蒙古鄂尔多斯资源股份有限公司
2010	总销售收入	2966498.73	3007004.41	1173296
	税收	140598.01	146389.43	33059
	利润	79576.27	133346.48	146131
2011	总销售收入	3745137.22	3710124.84	1363206
	税收	218954.05	190019.01	34906
	利润	183243.73	173493.02	163031
2012	总销售收入	4199069.21	3599998.98	1350843
	税收	265620.85	174383.41	29835
	利润	173602.17	148786.32	94407
2013	总销售收入	4777886.58	4185784.12	1391020
	税收	250611.08	228482.82	30478
	利润	320119.68	163633.61	112890
2014	总销售收入	5443642.68	4726551.35	1556840
	税收	273964.21	250314.27	36063
	利润	416653.81	255372.18	86748

表 5-19 是"呼包鄂"3 个盟市驰名品牌按照产业划分的情况。呼和浩特市作为内蒙古自治区首府，承担着经济、政治、文化、交通等枢纽作用，其 11 家品牌企业属第三产业的有 5 家，相对于内蒙古自治区只有 5 家属于第三产业的企业入选驰名商标来讲，呼和浩特市第三产业发展较好。包头市 11 家企业均属于第一产业、第二产业，其中贡献度高的均属于第二产业的品牌企业，如北方稀土、吉泰稀土、北方重工、北奔都为内蒙古自治区重工业的领头者。鄂尔多斯市 7 家企业中制酒行业有 2 家，能源制造业有 4 家，其余 1 家为羊绒制品业。

表 5-19 "呼包鄂"驰名品牌按产业分类表

盟市	第一产业、第二产业	合计	第三产业	合计
呼和浩特市	内蒙古伊利实业集团股份有限公司 内蒙古红太阳食品有限公司 内蒙古大唐药业有限公司 呼和浩特兆兴羊绒制品有限公司 内蒙古蒙牛乳业（集团）股份有限公司	5	内蒙古三千浦餐饮连锁有限责任公司 内蒙古维多利商业（集团）有限公司 内蒙古民族商场有限责任公司 内蒙古宇航人高技术产业有限责任公司 金河生物科技股份有限公司	5
包头市	包头市西蒙皮业服饰有限公司 三主粮集团股份公司 包头市金鹿有限责任公司 包头华资实业股份有限公司 包头吉泰稀土铝业股份有限公司 内蒙古鹿王羊绒有限公司 中国北方稀土（集团）高科技股份有限公司 内蒙古龙驹乳业股份有限公司 包头华美稀土高科有限公司 内蒙古北方重工业集团有限公司 包头北奔重型汽车有限公司	11		0
鄂尔多斯市	内蒙古东达羊绒制品有限公司 内蒙古响沙酒业有限责任公司 鄂尔多斯市天骄资源发展有限公司 内蒙古鄂尔多斯资源股份有限公司 内蒙古伊泰集团有限公司 内蒙古远兴能源股份有限公司 内蒙古鄂尔多斯酒业集团有限公司	7		0
总计		23		5

　　从三盟市品牌企业分布来看，"呼包鄂"从工业、农业、制造业、服务业中均对内蒙古经济发展有较高贡献，并且除前10名集中在呼和浩特市外，之后排名盟市较分散，并不是呼包鄂独占贡献度排名前端，如表5-20所示，"呼包鄂"所有驰名品牌的贡献度排名情况，整体来说大部分企业对内蒙古自治区的经济贡献还是比较可观的。这也表明"呼包鄂"作为内蒙古经济、政治、交通、文化枢纽，发挥自治区"金三角"的优势带动其他盟市共同发展。

表5-20　"呼包鄂"驰名品牌贡献度排名表

驰名商标名称	隶属盟市	贡献度	贡献程度	排名
伊利	呼和浩特市	0.89901	强	1
QQ星	呼和浩特市	0.89409	强	2
优酸	呼和浩特市	0.88569	强	3
伊利及图	呼和浩特市	0.88327	强	4
蒙牛	呼和浩特市	0.88138	强	5
未来星	呼和浩特市	0.87197	强	6
特仑苏	呼和浩特市	0.87186	强	7
绿色心情	呼和浩特市	0.85948	强	8
鄂尔多斯	鄂尔多斯市	0.84569	强	9
远兴及图	鄂尔多斯市	0.78979	较强	12
金河	呼和浩特市	0.78628	较强	13
"金鹿"	包头市	0.77358	较强	17
"草原"加图形	包头市	0.73969	较强	20
东达蒙古王	鄂尔多斯市	0.73055	较强	23
北方重工	包头市	0.72667	较强	26
注册号4560599 KINGDEER+图标	包头市	0.72636	较强	27
鹿王+图标	包头市	0.72519	较强	39
白云鄂博	包头市	0.71984	较强	31
伊泰及图	鄂尔多斯市	0.71590	一般	32
北奔	包头市	0.71304	较强	33
响沙及图形	鄂尔多斯市	0.70467	一般	34
宇航人及图	呼和浩特市	0.70121	一般	36
维多利	呼和浩特市	0.69991	较强	37
天骄	鄂尔多斯市	0.69977	一般	38
鄂尔多斯及图	鄂尔多斯市	0.69879	一般	39

续表

驰名商标名称	隶属盟市	贡献度	贡献程度	排名
草原红太阳	呼和浩特市	0.65783	一般	45
三主粮	包头市	0.64473	一般	46
龙驹	包头市	0.59848	一般	59
兆君 zhaojun 及图	呼和浩特市	0.59505	一般	51
"泰"加图形	包头市	0.59247	一般	52
物华 WUHUA 及图	包头市	0.59095	较强	53
民族	呼和浩特市	0.57435	一般	55
三花	呼和浩特市	0.54099	一般	60
3000 浦	呼和浩特市	0.52830	一般	63
蒙伦达克	包头市	0.45973	一般	67

　　但是，能源企业的贡献度排名靠后，如表 5－21 所示，只有内蒙古鄂尔多斯资源股份有限公司贡献度排名靠前，其他几家能源企业都偏后。从鄂尔多斯前几年的经济发展水平来看，能源企业对其起了至关重要的贡献，但是最近几年，由于产能过剩，导致鄂尔多斯市经济不景气。这说明，不能单靠能源开采来带动经济发展，应该走可持续发展道路，大力发展集约型经济，以使整个地区经济稳健发展。这是我们在今后经济发展中必须解决的问题，利用好企业雄厚的经济基础和品牌影响力，发展互补行业，创造、带动其他产业建设发展，将品牌影响力有效利用，围绕能源产业打造煤炭、交通、科技、金融等产业协同发展的模式，整体产业链竞争能力不断提升，成为内蒙古自治区经济发展新的主推器。

表 5－21　"呼包鄂"能源企业贡献度排名表

能源企业名称	所属盟市	贡献度	排名
包头华资实业股份有限公司	包头市	0.73969	20
包头吉泰稀土铝业股份有限公司	包头市	0.59247	52
中国北方稀土（集团）高科技股份有限公司	包头市	0.71984	31
包头华美稀土高科有限公司	包头市	0.59095	53
鄂尔多斯市天骄资源发展有限公司	鄂尔多斯市	0.69977	38
内蒙古鄂尔多斯资源股份有限公司	鄂尔多斯市	0.84569	9
内蒙古伊泰集团有限公司	鄂尔多斯市	0.7159	32
内蒙古远兴能源股份有限公司	鄂尔多斯市	0.78979	12

3. 驰名商标品牌对县域经济发展的作用

选取赤峰宁城县与兴安盟科右中旗来对比分析品牌对县域经济的影响。2014年，宁城县生产总值为1590307万元，较2013年增长4.5%，第一产业产值为346238万元，第二产值为693112万元，其中工业占比84%，人均生产总值为29854万元；科右中旗生产总值为575523万元，较2013年增长8.3%，第一产业产值为178820万元，第二产值为205602万元，其中工业占比81%，人均生产总值为23127万元。从以上经济指标反映宁城县的经济整体发展好于兴安盟科右旗。

表5-22　赤峰宁城县和兴安盟科右中旗各指标对比表

品牌	隶属旗县盟市	品牌指标							贡献度
		X_{11} 社会贡献度指数	X_{12} 经济收益指数	X_{13} 品牌质量指数	X_{21} 就业弹性	X_{22} 区位商指数	X_3 单个品牌资本增值指数	X_4 品牌影响度指标	
塞飞亚及图	赤峰市宁城县	0.114	0.668	7.500	-2.165	0.006	0.700	0.675	0.726
塞飞亚草原鸭		0.006	0.279	6.000	0.381	0.008	0.158	0.280	0.439
宁诚老窖		0.513	0.726	4.000	8.064	0.008	0.042	0.424	0.604
东方万旗		0.018	0.275	3.000	0.028	0.031	0.025	0.276	0.494
二龙屯	兴安盟科右中旗	0.021	0.015	3.500	3.002	0.003	1.000	0.000	0.420

表5-22是隶属这两个旗县驰名品牌的各个指标。从贡献度来说，宁城县四个品牌均高于二龙屯，驰名品牌带动县域经济发展，发展良好的县域经济促进品牌成长，形成良性循环。但是从表5-22来看，二龙屯就业弹性、品牌就业资本增质量指标并不低，表明该企业劳动力的吸纳能力较强，品牌企业价值较高，但是企业的收益指数较低，作为自治区唯一一家以开发高附加值的有机农牧业（产品）为主的企业，应当发挥本企业优势，扩大规模、增加科技含量，产品多样化增加企业竞争力。对比来看，宁城县的驰名商标品牌呈现集群性发展，产业集聚较好，对县域经济发展的促进作用和贡献较大。

（五）内蒙古自治区著名商标品牌贡献度分析

根据调查问卷统计有关数据显示，截止到2014年底，内蒙古自治区共有著名商标650件。如果将全部著名商标贡献度进行分析，工作量大，分析困难，不易抓住主要信息，所以对650个商标进行抽样选取分析研究对象。下文利用比率抽样（PPS抽样），将含有650个样本的总体按盟市品牌个数占总体品牌个数的比重，来规定各盟市抽样个数，再计算各旗县品牌个数占盟市品牌个数的比重，进一步具体到旗县随机抽样的品牌个数，最后抽取了总数的10%，65个著名商标。该方法，总体中含量大的部分被抽中的概率也大，同时可以提高样本的代表性。

在表5-23的基础上，运用前面驰名商标企业贡献度分析中计算区域品牌对地区的总体贡献度的方法可以得出著名商标企业的区域品牌对地区的总体贡献度，计算结果如表5-23所示。

表5-23　各著名品牌贡献度排名

商标名称	隶属盟市	隶属企业	贡献度	排名
玉泰	通辽市	内蒙古玉王生物科技有限公司	0.687539	1
凯帝斯	乌兰察布市	内蒙古凯帝斯电梯制造有限公司	0.677277	2
正隆谷物	呼和浩特市	内蒙古正隆谷物食品有限公司	0.638271	3
图形	呼和浩特市	内蒙古北方建设机械有限公司	0.623088	4
蒙佳	兴安盟	内蒙古蒙佳粮油工业集团有限公司	0.606964	5
雪候鸟	巴彦淖尔市	内蒙古春雪羊绒有限公司	0.604069	6
千里山	乌海市	乌海市包钢万腾钢铁有限责任公司	0.599225	7
天湖	乌海市	内蒙古乌海化工有限公司	0.58524	8
蒙草	呼和浩特市	内蒙古和信园蒙草抗旱绿化股份有限公司	0.560623	9
蒙古王	通辽市	内蒙古蒙古王实业股份有限公司	0.558811	10
东方羔王	锡林郭勒盟	东乌珠穆沁旗草原东方肉业有限公司	0.539791	11
蒙亮	呼和浩特市	内蒙古蒙亮民贸（集团）有限公司	0.529293	12
蒙高	锡林郭勒盟	二连浩特市蒙高水泥有限公司	0.525649	13
多维尔	赤峰市	赤峰多维尔生物工程有限公司	0.523066	14
绰勒银珠	兴安盟	扎赉特旗绰勒银珠米业有限公司	0.520583	15
大牧场	赤峰市	内蒙古大牧场牧业集团有限责任公司	0.519725	16
海德	包头市	海德投资控股集团有限责任公司	0.503148	17
草原三河	兴安盟	乌兰浩特市三合村有机水稻种植专业合作社	0.491572	18
定君生	呼和浩特市	内蒙古双奇药业股份有限公司	0.490614	19
呼德	锡林郭勒盟	锡林浩特市天隆牧工贸有限公司	0.488439	20
成吉思汗	呼伦贝尔市	内蒙古成吉思汗牧场酒厂	0.483823	21
轩达	巴彦淖尔市	内蒙古轩达食品有限公司	0.482063	22
红卫	包头市	包头市红卫日用化工有限公司	0.48122	23

续表

商标名称	隶属盟市	隶属企业	贡献度	排名
独伊佳	赤峰市	内蒙古独伊佳食品有限公司	0.475169	24
博爱阳光	包头市	内蒙古医科大学第四附属医院	0.473372	25
骨里香	通辽市	通辽市科尔沁明仁大街骨里香熟食城	0.472332	26
今和顺	呼伦贝尔市	扎兰屯市蒙德畜禽养殖农民专业合作社	0.471401	27
老哈河	通辽市	内蒙古老哈河粮油工业有限责任公司	0.465554	28
巴特罕	呼伦贝尔市	华润雪花啤酒（呼伦贝尔）有限公司	0.461522	29
蒙纯	鄂尔多斯市	鄂尔多斯市蒙纯乳业有限责任公司	0.455562	30
阿尔巴斯	鄂尔多斯市	鄂尔多斯市鹿原种养业有限责任公司	0.454792	31
塞外金庄园	呼伦贝尔市	扎兰屯市蓝林食品厂	0.449832	32
皆佳	呼伦贝尔市	呼伦贝尔市乐佳散热器制造有限公司	0.44328	33
响沙王	鄂尔多斯市	内蒙古响沙酒业有限责任公司	0.44249	34
阿尔巴斯	鄂尔多斯市	内蒙古阿尔巴斯羊绒有限公司	0.442261	35
永健	通辽市	内蒙古科尔沁药业有限公司	0.440437	36
长安永磁电机	包头市	包头长安永磁电机有限公司	0.440378	37
裕井	赤峰市	赤峰裕井烧坊酒厂	0.440318	38
金鹿	包头市	包头东宝生物技术股份有限公司	0.439838	39
益民星火	巴彦淖尔市	内蒙古乔家大院蒙乔食品有限责任公司	0.438489	40
河川	巴彦淖尔市	巴彦淖尔市冠生园食品有限公司	0.436289	41
谦顺	通辽市	扎鲁特旗谦顺商贸有限责任公司	0.435364	42
图形（佘太君）	巴彦淖尔市	内蒙古鑫龙玉业集团有限公司	0.43138	43
鹿王	包头市	包头宏基面粉有限公司	0.430965	44
天美华乳	呼和浩特市	呼和浩特市天美华乳食品有限责任公司	0.42875	45
沁兴园	包头市	包头市沁园蔬菜水果产销专业合作社	0.426112	46
兄妹游泳	呼和浩特市	内蒙古兄妹游泳有限公司	0.424456	47
滦河	锡林郭勒盟	内蒙古滦源酒业有限公司	0.423888	48
嘎鲁特	呼伦贝尔市	新巴尔左旗呼和哈达乳业有限公司	0.423545	49
巴彦	巴彦淖尔市	内蒙古利川化工有限公司	0.423501	50
蒙龙	赤峰市	赤峰市农业科学研究所种子公司	0.422995	51
天赋	包头市	包头市天赋食品有限公司	0.422637	52
知谷	呼和浩特市	内蒙古绿禾食品有限公司	0.419626	53
高塔儿梁	巴彦淖尔市	高塔梁原生有机食品有限责任公司	0.419544	54
绿野山村	乌兰察布市	内蒙古自治区乌兰察布市集宁区蒙鹰农牧土特发展有限公司	0.419198	55

商标名称	隶属盟市	隶属企业	贡献度	排名
戴家居	通辽市	通辽市天成调味品有限公司（原戴家居副食品厂）	0.418915	56
苁阳	阿拉善盟	阿拉善苁阳酒业有限责任公司	0.417126	57
泰尔力图	呼和浩特市	呼和浩特市泰尔力图医疗保健用品有限公司	0.416834	58
养身道	乌兰察布市	内蒙古奥淳酒业有限责任公司	0.400976	59
鸿远水镜湖	鄂尔多斯市	鄂尔多斯市水镜湖农业旅游开发有限公司	0.397904	60
三花	呼和浩特市	内蒙古大唐药业有限公司	0.396364	61
派普	呼和浩特市	呼和浩特市君子兰塑胶有限责任公司	0.368553	62
驼中王	阿拉善盟	阿拉善左旗驼中王绒毛制品有限责任公司	0.32355	63
宁诚	赤峰市	内蒙古顺鑫宁城老窖酒业有限公司	0.296824	64
梁外	鄂尔多斯市	内蒙古亿利能源股份有限公司甘草分公司	0.245508	65

表5-24 区域著名品牌对地区的总体贡献度

盟市名称	盟市平均贡献度	权重	加权平均
阿拉善	0.37034	0.03077	0.01140
巴彦淖尔市	0.46219	0.10769	0.04977
包头市	0.45221	0.12769	0.05774
赤峰市	0.44635	0.09846	0.04395
鄂尔多斯市	0.40642	0.09692	0.03939
呼和浩特市	0.48150	0.16000	0.07704
呼伦贝尔市	0.45557	0.08923	0.04065
通辽市	0.49699	0.10462	0.05199
乌海市	0.59223	0.03077	0.01822
乌兰察布市	0.49915	0.03846	0.01920
锡林郭勒盟	0.49444	0.06615	0.03271
兴安盟	0.53971	0.04923	0.02657

最终贡献度：0.46864

由表5-24得出：著名品牌对内蒙古自治区经济发展的贡献度为0.46864，处于一般水平，可见内蒙古自治区的著名商标品牌与自治区品牌资源的基础和优势还不相适应，还存在较大的差距，著名商标在促进县域经济发展中发挥的作用还远远不够，其贡献率与自治区经济发展的势头和规模存在很大的不适应，未来需要大力推进商标品牌战略，积极培育自治区著名商标品牌。

对抽出的 65 家企业按照前面所述的 7 个指标以及给各指标所附的权重计算出其品牌贡献度，如表 5 - 24 所示，可以看出这 65 个著名品牌贡献度在 0.2 ~ 0.7 之间，而排名前六位的企业有内蒙古玉王生物科技有限公司、内蒙古凯帝斯电梯制造有限公司等，这六家企业的品牌贡献度均在 0.6 以上，见表 5 - 25。这源于它们的经济收益指数、品牌质量指数、单个品牌资本增值指数相对较高，以内蒙古北方建设机械有限公司为例，该企业 2014 年总销售收入 43383 万元，同 2013 年相比增长了 29%；税收 486 万元，同 2013 年比增长了 53%。近年来该企业注重新产品的开发，不断引进业内高级专业技术人员，依托高科技的手段研发出了许多性能优、可靠性强、价格合理的产品，因其注重质量深受广大客户的青睐，得到了消费者的认可，所以其品牌价值、品牌质量均居于高位。

表 5 - 25　著名品牌贡献度排名前六位的企业各指标

商标名称	隶属盟市	企业名称	X_{11} 社会贡献度指数	X_{12} 经济收益指数	X_{13} 品牌质量指数	X_{21} 就业弹性	X_{22} 区位商指数	X_3 单个品牌资本增值指数	X_4 品牌影响度指标
玉泰	通辽市	内蒙古玉王生物科技有限公司	0.000691	3.762425	4.881267	- 1.31363	0.000503	0.589225	0.007262
凯帝斯	乌兰察布市	内蒙古凯帝斯电梯制造有限公司	0.004312	7.655683	4.762881	0	0.000202	0.67529	0.002405
正隆谷物	呼和浩特市	内蒙古正隆谷物食品有限公司	0.0000826	1.533405	4.095553	- 0.39862	0.000108	0.301307	0.001521
图形	呼和浩特市	内蒙古北方建设机械有限公司	0.00023	1.401151	3.986127	5.5468	0.0000598	0.288716	0.001499
蒙佳	兴安盟	内蒙古蒙佳粮油工业集团有限公司	0.000389	2.096893	3.422247	0	0	0.558899	0.025812
雪候鸟	巴彦淖尔市	内蒙古春雪羊绒有限公司	0.000287	19.12207	6.366431	- 0.03652	0.001264	0.965457	0.015074

表 5 - 26　著名品牌贡献度排名后六位的企业各指标

商标名称	隶属盟市	企业名称	X_{11}社会贡献度指数	X_{12}经济收益指数	X_{13}品牌质量指数	X_{21}就业弹性	X_{22}区位商指数	X_3单个品牌资本增值指数	X_4品牌影响度指标
鸿远水镜湖	鄂尔多斯市	鄂尔多斯市水镜湖农业旅游开发有限公司	0	0.350759	3.537717	- 1.36939	0.000125	0.736908	0.0000998
三花	呼和浩特市	内蒙古大唐药业有限公司	0.000834	- 0.22907	3.597811	- 6.64153	0.000105	0.063164	0.000397
派普	呼和浩特市	呼和浩特市君子兰塑胶有限责任公司	0.0000353	- 0.02951	3.313798	- 7.48262	0.0000656	- 0.00056	0.000143
驼中王	阿拉善盟	阿拉善左旗驼中王绒毛制品有限责任公司	0.000415	0.115444	3.39868	0	0.000335	1.027902	0.0000680
宁诚	赤峰市	内蒙古顺鑫宁城老窖酒业有限公司	0.002902	- 2.33079	3.570516	8.063702	0.000123	- 0.27578	0.000424
梁外	鄂尔多斯市	内蒙古亿利能源股份有限公司甘草分公司	3.06E - 06	- 0.19341	3.148604	2.661494	0.0000228	- 0.35559	0.000123

　　品牌贡献度排在后六位的企业如内蒙古顺鑫宁城老窖酒业有限公司、内蒙古亿利能源股份有限公司甘草分公司等贡献度都在 0.4 以下,可以说这是非常低的。综观前述的 7 个指标,其中经济收益指数和单个品牌资本增值指数都非常低,甚至四五家企业都为负值。以内蒙古顺鑫宁城老窖酒业为例,该企业 2013 年总销售收入为 10141 万元,而 2014 年只有 7545 万元,同比下降了 26%;2013 年税收为 3634.06 万元,2014 年只有 2845 万元,同比下降了 22%。该企业虽然

为中华老字号企业，但随着中国酒业环境的大调整，诸多同价位竞争的产品进入内蒙古自治区市场，竞争的加剧使得内蒙古顺鑫宁城老窖酒业只是依靠简单初级加工的这种生产模式已严重落后。加之企业缺乏自主创新能力、经营管理不善和产品附加值低等原因都已经使企业的品牌竞争力处于低位。与县域经济的发展速度和规模相比，作为中华老字号的著名企业明显企业品牌贡献度不足。这类企业在未来发展中对县域经济的促进作用还有待提升，发展的潜力和空间还很大，对于企业和政府来说都是任重而道远的。剩余的53家著名企业的贡献度都为0.4～0.6，其中有11家企业为0.5～0.6，有42家企业为0.4～0.5。可以看出，总体来说著名企业的贡献度还是比较低。针对内蒙古自治区著名商标贡献率低从以下两个方面进行分析：

第一，截止到2014年底，内蒙古自治区共有著名商标650件，而上海市截止到2014年底有效著名商标总量为1275件，内蒙古自治区的著名商标数仅是上海市的一半左右，可见差距之大。内蒙古自治区是资源大省，自治区资源的雄厚与著名商标的发展现状可谓极其不协调。比如，呼伦贝尔的白蘑，大兴安岭的药材，扎兰屯的蓝莓果、榛子，兴安盟的阿尔山矿泉水、卜留克，通辽的杂粮、玉米，赤峰的羊肉，乌兰察布的丰镇月饼、卓资县熏鸡，鄂尔多斯的山羊肉、羊绒，巴彦淖尔的羊肉、葵花、枸杞，乌海的葡萄等，这些具有特色的产品都是内蒙古自治区的宝贵资源，而这些得天独厚的农畜产品资源目前尚未得到充分合理的利用。在今后的发展中应该注重发展这些产品，让其在促进内蒙古自治区经济发展中扮演更重要的角色，发挥更大的作用。

第二，内蒙古自治区著名商标品牌中涉农涉牧商标数较多，但是这些企业对县域经济发展的贡献度都普遍偏低。如表5-27所示，在随机抽取的65家著名商标企业中有38家属于涉农涉牧企业，从表5-27中我们可以看出，整体上这些企业的贡献度是很低的，38家企业只有13家是在前面所求的最终贡献度（0.46864）之上，其余25家都在平均水平之下。内蒙古自治区著名商标的品牌贡献度整体上就偏低，而涉农涉牧企业更是大大拉低了这一水平。就涉农涉牧企业贡献度偏低作出以下分析：内蒙古自治区生产农牧产品的企业大多数都是依赖资源丰富的优势，生产模式比较单一，基本都是处于销售原材料、初加工产品的阶段，产品的附加值非常低，以至于在市场竞争加剧的大环境下，产品严重缺乏核心竞争力，难以在市场上长远立足，加之销售模式的单一化，自然就出现了品牌效应滞后，对促进经济发展作用十分有限的局面。此外，在培育和管理商标品牌方面做的工作还是有所欠缺，例如存在品牌企业发展过程中融资困难等问题。

表 5 – 27　内蒙古自治区著名商标中涉农涉牧企业品牌贡献度表

商标名称	盟市	企业名称	贡献度
正隆谷物	呼和浩特市	内蒙古正隆谷物食品有限公司	0.638271
蒙佳	兴安盟	内蒙古蒙佳粮油工业集团有限公司	0.606964
雪候鸟	巴彦淖尔市	内蒙古春雪羊绒有限公司	0.604069
蒙古王	通辽市	内蒙古蒙古王实业股份有限公司	0.558811
东方羔王	锡林郭勒盟	东乌珠穆沁旗草原东方肉业有限公司	0.539791
绰勒银珠	兴安盟	扎赉特旗绰勒银珠米业有限公司	0.520583
大牧场	赤峰市	内蒙古大牧场牧业集团有限责任公司	0.519725
草原三河	兴安盟	乌兰浩特市三合村有机水稻种植专业合作社	0.491572
呼德	锡林郭勒盟	锡林浩特市天隆牧工贸有限公司	0.488439
成吉思汗	呼伦贝尔市	内蒙古成吉思汗牧场酒厂	0.483823
轩达	巴彦淖尔市	内蒙古轩达食品有限公司	0.482063
独伊佳	赤峰市	内蒙古独伊佳食品有限公司	0.475169
今和顺	呼伦贝尔市	扎兰屯市蒙德畜禽养殖农民专业合作社	0.471401
老哈河	通辽市	内蒙古老哈河粮油工业有限责任公司	0.465554
巴特罕	呼伦贝尔市	华润雪花啤酒（呼伦贝尔）有限公司	0.461522
蒙纯	鄂尔多斯市	鄂尔多斯市蒙纯乳业有限责任公司	0.455562
阿尔巴斯	鄂尔多斯市	鄂尔多斯市鹿原种养业有限公司	0.454792
塞外金庄园	呼伦贝尔市	扎兰屯市蓝林食品厂	0.449832
响沙王	鄂尔多斯市	内蒙古响沙酒业有限责任公司	0.44249
阿尔巴斯	鄂尔多斯市	内蒙古阿尔巴斯羊绒有限公司	0.442261
裕井	赤峰市	赤峰裕井烧坊酒厂	0.440318
益民星火	巴彦淖尔市	内蒙古乔家大院蒙乔食品有限责任公司	0.438489
河川	巴彦淖尔市	巴彦淖尔市冠生园食品有限责任公司	0.436289
鹿王	包头市	包头宏基面粉有限公司	0.430965
天美华乳	呼和浩特市	呼和浩特市天美华乳食品有限公司	0.42875
沁兴园	包头市	包头市沁园蔬菜水果产销专业合作社	0.426112
滦河	锡林郭勒盟	内蒙古滦源酒业有限责任公司	0.423888
嘎鲁特	呼伦贝尔市	新巴尔左旗呼和哈达乳业有限公司	0.423545
蒙龙	赤峰市	赤峰市农业科学研究所种子公司	0.422995
天赋	包头市	包头市天赋食品有限公司	0.422637
知谷	呼和浩特市	内蒙古绿禾食品有限责任公司	0.419626
高塔儿梁	巴彦淖尔市	高塔梁原生有机食品有限责任公司	0.419544

续表

商标名称	盟市	企业名称	贡献度
绿野山村	乌兰察布	内蒙古自治区乌兰察布市集宁区蒙鹰农牧土特发展有限公司	0.419198
苁阳	阿拉善盟	阿拉善苁阳酒业有限责任公司	0.417126
养身道	乌兰察布	内蒙古奥淳酒业有限责任公司	0.400976
鸿远水镜湖	鄂尔多斯市	鄂尔多斯市水镜湖农业旅游开发有限公司	0.397904
驼中王	阿拉善盟	阿拉善左旗驼中王绒毛制品有限责任公司	0.32355
宁诚	赤峰市	内蒙古顺鑫宁城老窖酒业有限公司	0.296824

（六）内蒙古自治区的知名品牌贡献度分析

截至 2014 年底，内蒙古自治区各旗县共认定 1167 件知名商标，涵盖 11 个盟市的 87 个旗县区，这些商标共包括农产品、化肥、医疗服务、餐饮、纺织、食品、服装、房地产、饮用水等 37 个类别的商品。因知名商标数量多，采用与著名商标同样的随机抽样方法，选取 116 个知名商标。知名商标的认定和使用为其所在旗县区经济发展起到了一定的推动作用，实质品牌推动程度如何，是否真正促进区域经济发展，下面通过分析表 5-28 中 116 个知名品牌的贡献度来说明问题。

表 5-28   各知名品牌贡献度排名

商标名称	隶属盟市	隶属企业	贡献度	排名
德胜	锡林郭勒盟	正镶白旗供销合作社联合社	0.531129	1
维尔旺	通辽市	内蒙古维尔农业有限公司	0.505359	2
泰羊	锡林郭勒盟	东乌珠穆沁旗草原泰羊肉业有限公司	0.504057	3
羊场牌	通辽市	通辽市科尔沁区莫力庙种羊场葡萄协会	0.488989	4
谷好谷美	呼和浩特市	内蒙古正隆谷物食品有限公司	0.471082	5
明禾源	鄂尔多斯市	鄂尔多斯明禾绿色产业发展有限公司	0.461647	6
刘秀	巴彦淖尔市	内蒙古刘秀餐饮连锁管理有限公司	0.449721	7
漠海绿园	鄂尔多斯市	内蒙古绿洲治沙造林有限公司	0.447056	8
艾德尼	锡林郭勒盟	内蒙古桃园羊绒集团有限责任公司	0.433561	9
华绅	巴彦淖尔市	巴彦淖尔市华绅知识产权代理有限公司	0.418913	10
鼎裕通信	鄂尔多斯市	内蒙古鼎裕通信工程有限公司	0.415756	11
何老大	呼伦贝尔市	扎兰屯市何老大农机修造厂	0.415641	12
蒙银图文	包头市	包头市蒙银小额贷款股份有限公司	0.414346	13

续表

商标名称	隶属盟市	隶属企业	贡献度	排名
马蹄岛	呼伦贝尔市	额尔古纳市拉布大林德福全羊坊	0.414193	14
史晓光	巴彦淖尔市	五原县康绿缘反季节瓜菜产销专业合作社	0.414007	15
奇鑫燚	呼伦贝尔市	内蒙古根河市奇鑫木业有限公司	0.411265	16
蔬珍	巴彦淖尔市	内蒙古蔬珍食品有限公司	0.400001	17
敖特尔汗	鄂尔多斯市	杭锦旗乳香飘食品加工厂	0.399606	18
大不同	通辽市	通辽市大不同商贸有限责任公司	0.39927	19
铁木真	包头市	包头市铁木真食品有限公司	0.398571	20
草原星	包头市	包头市凯利粮油有限公司	0.397662	21
高原露	鄂尔多斯市	内蒙古高原杏仁露有限公司	0.394417	22
蒙邦	赤峰市	赤峰市蒙邦食品有限公司	0.392785	23
蒙天新源	乌兰察布市	四子王旗新天清真肉联有限责任公司	0.388649	24
那牧尔	赤峰市	阿鲁科尔沁旗那牧尔民族食品有限责任公司	0.386906	25
上垴	呼伦贝尔市	阿荣旗音河乡山垴黑麦产销专业合作社	0.385985	26
广发草原	通辽市	通辽市广发草原食品有限责任公司	0.384667	27
蒙陶	鄂尔多斯市	鄂尔多斯兴辉陶瓷有限公司	0.384666	28
地宇	呼和浩特市	内蒙古地力多元高效有机肥有限责任公司	0.382793	29
蒙达	通辽市	通辽市蒙达再生资源加工有限公司	0.381189	30
泰汇和	包头市	包头市泰汇和文化传播有限公司	0.379585	31
大福林	包头市	包头市大福林饮食服务有限责任公司	0.377913	32
跃进	巴彦淖尔市	杭锦后旗陕坝镇北城区跃进植物榨油厂	0.3765	33
荣兴堂	赤峰市	赤峰荣兴堂药业有限责任公司	0.375814	34
谦顺	通辽市	扎鲁特旗谦顺商贸有限公司	0.375572	35
鸿巍	呼伦贝尔市	扎兰屯市达斡尔鸿巍农畜有限责任公司	0.374369	36
丰田	赤峰市	赤峰市丰田科技种业有限责任公司	0.374101	37
乌兰沟	赤峰市	林西县林西镇春发面粉加工厂	0.373814	38
大雅斋	包头市	包头市大雅斋文化发展有限公司 （大雅斋市场销售情况）	0.373712	39
天发	赤峰市	赤峰天发地毯有限责任公司	0.373601	40
明沙淖	包头市	土默特右旗明沙淖渔业协会	0.373333	41
蒙泰	鄂尔多斯市	鄂托克旗东泰建材有限公司	0.373304	42
双保	巴彦淖尔市	杭锦后旗二道桥粮油综合加工厂	0.373266	43
亿宝	巴彦淖尔市	内蒙古民隆现代农业科技有限公司	0.373091	44

续表

商标名称	隶属盟市	隶属企业	贡献度	排名
朝聚	包头市	包头市朝聚眼科医疗有限公司	0.372863	45
恒日	赤峰市	赤峰恒日太阳能有限公司	0.372715	46
森迈特	包头市	包头市东河区森迈特休闲专卖店	0.372536	47
隆圣	鄂尔多斯市	鄂尔多斯市隆圣矿山机电有限责任公司	0.372348	48
博洋	呼和浩特市	内蒙古博洋广告有限责任公司	0.371905	49
十里长香 十里长滩	鄂尔多斯市	内蒙古兴农绿色产业开发有限责任公司	0.37172	50
东方荣盛	包头市	内蒙古东方荣盛门窗幕墙有限公司	0.371118	51
雪后	鄂尔多斯市	内蒙古鄂托克旗双信化工有限责任公司	0.370967	52
海峰	呼伦贝尔市	海拉尔区海峰纸品加工厂	0.370956	53
豪惠	包头市	包头市惠禾肥业有限公司	0.370797	54
云杉	赤峰市	内蒙古雪原青稞酒业有限责任公司	0.370596	55
利牛	通辽市	内蒙古利牛生物化工有限公司	0.370345	56
参棘	赤峰市	赤峰参棘天宝化妆品有限公司	0.370223	57
北优 BY	通辽市	扎鲁特旗北优种业科技有限公司	0.37022	58
乐土	赤峰市	宁城县志永米业有限公司	0.370203	59
三洁	鄂尔多斯市	乌审旗三洁养殖专业合作社	0.370199	60
富奇	乌兰察布市	察右后旗马铃薯产业化服务中心	0.370177	61
兄妹游泳	呼和浩特市	内蒙古兄妹游泳有限责任公司	0.370027	62
昊囍晟	赤峰市	赤峰市元宝山区昊喜晟木业制造厂	0.370018	63
纳林湖	巴彦淖尔市	磴口县纳林湖渔业养殖有限公司	0.369931	64
天赋	包头市	包头市天赋食品有限公司	0.369768	65
华孚	赤峰市	赤峰华孚科技发展有限公司	0.369509	66
环哲	通辽市	通辽市环哲图书有限责任公司	0.369351	67
图形	包头市	内蒙古博特科技有限公司	0.369258	68
蒙歌尔	鄂尔多斯市	内蒙古大力神食品有限公司	0.369142	69
大道通天	鄂尔多斯市	内蒙古东联影视动漫科技股份有限公司	0.369085	70
三德阳光	乌海市	乌海市三德暖通空调设备有限公司	0.369021	71
通惠	锡林郭勒盟	二连浩特市通惠水泥有限责任公司	0.369001	72
图形	通辽市	通辽市亮嫂汽车服务有限公司	0.368955	73
田秀炖羊肉	呼和浩特市	呼和浩特市田秀炖羊肉餐饮服务有限公司	0.368944	74
佳慧图标	呼和浩特市	内蒙古佳惠科技有限公司	0.368844	75

续表

商标名称	隶属盟市	隶属企业	贡献度	排名
哈撒尔王	呼伦贝尔市	内蒙古哈撒尔王酒业有限责任公司	0.368823	76
好迈	包头市	包头市豪迈电缆制造有限公司	0.368794	77
伊淼	鄂尔多斯市	内蒙古东胜神农化工有限公司	0.368708	78
蒙格丽	鄂尔多斯市	鄂托克前旗蒙格丽食品有限公司	0.368687	79
傲卓	包头市	内蒙古傲卓科技发展有限责任公司	0.368626	80
蒙富泰	乌兰察布市	化德县美玲服装有限责任公司	0.368544	81
森通	呼伦贝尔市	扎兰屯市森通食品开发有限责任公司	0.368454	82
乌仔	呼和浩特市	呼和浩特市连威种植农民专业合作社	0.368421	83
图文 HONGSHAN	赤峰市	赤峰红山商贸有限公司	0.368401	84
达茂宾馆	包头市	达茂宾馆	0.368336	85
蒙鲁特	巴彦淖尔市	齐华矿业有限公司	0.368249	86
可食可健	呼和浩特市	内蒙古可食可健食品有限公司	0.368249	86
美岱桥	包头市	内蒙古亿力农业科技有限公司	0.368246	88
宏发	锡林郭勒盟	苏尼特右旗宏发肉食品有限责任公司	0.368246	88
Bread Mood	呼和浩特市	内蒙古贝多美乐食品有限公司	0.368246	88
蒙威飒	赤峰市	赤峰蒙威飒羊绒制品有限公司	0.368225	91
振华	包头市	包头市振华锅炉制造有限公司	0.36819	92
荣寿	呼和浩特市	呼和浩特市荣寿振兴建材有限公司	0.368106	93
博爱阳光	包头市	内蒙古医科大学第四附属医院	0.367947	94
铁锅一居	呼和浩特市	呼和浩特市铁锅一居餐饮有限责任公司	0.367788	95
莲七珠宝	呼和浩特市	内蒙古莲七工贸有限责任公司	0.367761	96
一信绒	巴彦淖尔市	内蒙古巴彦淖尔市华源绒毛有限公司	0.367757	97
义发泉	乌兰察布市	察右中旗满都拉酒业有限公司	0.367751	98
贝伦	呼伦贝尔市	呼伦贝尔市海拉尔区贝伦实业有限责任公司	0.367578	99
余太如意	巴彦淖尔市	内蒙古溢美康食品有限责任公司	0.367396	100
长虹	锡林郭勒盟	正蓝旗长虹乳制品厂	0.367298	101
霍威	通辽市	霍林郭勒东方机电修造有限责任公司	0.367169	102
库伦沟	通辽市	内蒙古忽必烈酒业有限公司	0.367166	103
屹林	包头市	内蒙古屹林餐饮连锁有限公司	0.367141	104
裕井	赤峰市	赤峰裕井烧坊酒厂	0.36707	105
夏日	呼伦贝尔市	鄂伦春自治旗夏日饮品有限公司	0.367055	106
彩桥	包头市	包头市彩红塑料有限责任公司	0.366977	107

商标名称	隶属盟市	隶属企业	贡献度	排名
方绒	巴彦淖尔市	内蒙古方绒纺织有限公司	0.352129	108
虹牧	鄂尔多斯市	鄂尔多斯市虹牧羊绒有限公司	0.344941	109
王二娃	乌兰察布市	内蒙古卓资县龙兴熏鸡有限责任公司	0.34313	110
神华准能	鄂尔多斯市	神华准格尔能源有限责任公司	0.322351	111
双丰恒烨	包头市	包头市双丰木业有限责任公司	0.316271	112
同泰永	呼和浩特市	内蒙古大唐药业有限公司	0.30944	113
沐沦	赤峰市	内蒙古兴安银铅冶炼有限公司	0.253074	114
腾格里达来月亮湖	阿拉善盟	内蒙古阿拉善九汉天成旅游开发有限责任公司	0.172178	115
呼伦贝尔品生态	呼伦贝尔市	呼伦贝尔农垦商贸有限责任公司	0.125154	116

从表 5 – 28 可以看出，116 个知名品牌贡献度为 0.55 ~ 0.11，在此基础上，根据驰名商标的总体贡献度算法，同理计算出知名品牌的总体贡献度为 0.37411，计算结果见表 5 – 29。

表 5 – 29　区域著名品牌对地区的总体贡献度

盟市名称	盟市平均贡献度	权重	加权平均
阿拉善	0.17218	0.00922	0.00159
巴彦淖尔市	0.38591	0.10672	0.04118
包头市	0.37282	0.18182	0.06779
赤峰市	0.36607	0.13175	0.04823
鄂尔多斯市	0.38262	0.14756	0.05646
呼和浩特市	0.37320	0.12253	0.04573
呼伦贝尔市	0.36086	0.09354	0.03376
通辽市	0.39569	0.10408	0.04118
乌海市	0.36902	0.00659	0.00243
乌兰察布市	0.36765	0.04084	0.01502
锡林郭勒盟	0.37484	0.05534	0.02074
兴安盟	0.00000	0.00000	0.00000

最终贡献度：0.37411

与驰名、著名商标总贡献度相比，知名品牌对区域经济总体贡献度最小，处于弱阶段。就单个品牌贡献度分析，贡献度为 0.5 以上只有三家企业，其余 113

家企业都为 0.5 以下，并且大部分企业贡献度都集中在 0.4 ~ 0.3，贡献度为 0.3 以下的企业有三家。

首先分析知名商标贡献度排名前三位的企业，如表 5 - 30 所示。7 个指标相比较，经济收益指数、品牌质量指数、就业弹性、区位商指数、资本增值指数较高，说明 3 个县域知名品牌从经济收益、劳动力、品牌与消费者关系这些角度对区域经济做出较高贡献，但是社会贡献度、品牌影响力指数较差，由于企业税收贡献低和产值有限致使总的贡献度较驰名、著名商标比有一定差距。

表 5 - 30　知名品牌贡献度排名前三位的企业各指标

商标名称	隶属盟市	企业名称	X_{11}社会贡献度指数	X_{12}经济收益指数	X_{13}品牌质量指数	X_{21}就业弹性	X_{22}区位商指数	X_3单个品牌资本增值指数	X_4品牌影响度指标
德胜	锡林郭勒盟	正镶白旗供销合作社联合社	0	2. 564375173	0. 327471358	1	15. 77722834	0. 47642802	0. 000275575
维尔旺	通辽市	内蒙古维尔农业有限公司	0. 000288352	2. 591067083	0. 329241131	0. 639678215	6. 505710421	0. 58477383	0. 002272866
泰羊	锡林郭勒盟	东乌珠穆沁旗草原泰羊肉业有限公司	0. 0000031	1. 463246082	0. 325418672	0. 888129804	1. 928327908	0. 272863398	0. 00203332

其次就贡献度集中在 0.3 ~ 0.4 的大部分知名企业的 7 个指标分析，由于观测样本数太多，分析繁冗复杂，所以此处对 116 个企业进行系统抽样。在企业贡献度排名基础上，以 10 为抽样距离，由于前面已经分析了排名前三位的企业，所以贡献度第 5 名为抽取样本 1，贡献度第 15 名为抽取样本 2，直至抽到第 115 名共 12 个观测样本。

整体来看，品牌质量指数与区位商指数较稳定，在 0.3 左右，表明知名品牌质量稳定，有一定市场且能够获得一定顾客的忠诚度；区位商指数稳定说明企业对区域劳动力就业的贡献程度大体稳定，而这两个指标只能说相对于其他指标表现稳定，但是数值并不高，说明企业品牌的市场竞争力、品牌文化影响力和顾客忠诚度的水平较低。

表 5 – 31　随机抽样 12 个知名品牌企业各指标

商标名称	隶属盟市	企业名称	X_{11}社会贡献度指数	X_{12}经济收益指数	X_{13}品牌质量指数	X_{21}就业弹性	X_{22}区位商指数	X_3 单个品牌资本增值指数	X_4 品牌影响度指标
谷好谷美	呼和浩特市	内蒙古正隆谷物食品有限公司	0.0000825	1.5334047	0.3301019	-0.3986162	1.0783078	0.0054986	0.0015208
史晓光	巴彦淖尔市	五原县康绿缘反季节瓜菜产销专业合作社	0.0000000	0.7512879	0.3254678	-0.1575758	0.3454231	0.4492926	0.0000954
那牧尔	赤峰市	阿鲁科尔沁旗那牧尔民族食品有限责任公司	0.0000735	0.2822810	0.3272300	0.0693703	0.1294160	-0.0285993	0.0001588
谦顺	通辽市	扎鲁特旗谦顺商贸有限责任公司	0.0000761	0.1031105	0.3261631	0.1385709	0.4139998	0.0316602	0.0002838
朝聚	包头市	包头市朝聚眼科医疗有限公司	0.0000000	0.0670160	0.3259682	0.8120382	1.5024910	0.0489739	0.0001207
云杉	赤峰市	内蒙古雪源青稞酒业有限责任公司	0.0000950	0.0347565	0.3266104	0.5759857	0.2224338	-0.0077218	0.0000426
天赋	包头市	包头市天赋食品有限公司	0.0000063	0.0232048	0.3252394	0.0656402	0.1135215	0.0199346	0.0000068
佳慧图标	呼和浩特市	内蒙古佳惠科技有限公司	0.0000195	0.0074532	0.3254394	0.0046405	0.2051129	0.0000748	0.0000548
达茂宾馆	包头市	达茂宾馆	0.0001046	0.0000000	0.3258085	-0.5727539	0.4073420	0.0497044	0.0000379
铁锅一居	呼和浩特市	呼和浩特市铁锅一居餐饮有限责任公司	0.0000171	-0.0077400	0.3256078	0.0050577	1.1310511	0.0000163	0.0000226
裕井	赤峰市	赤峰裕井烧坊酒厂	0.0003713	-0.1782531	0.3396525	0.8181818	0.3033188	-0.0023439	0.0000534
腾格里达来月亮湖	阿拉善盟	内蒙古阿拉善九汉天成旅游开发有限责任公司	0.0001302	-0.5629658	0.3261270	-21.9641873	6.6912192	1.0000000	0.0002840

其余 5 个指标值很小，基本接近于 0 甚至为负。企业在社会贡献度、经济收益、就业弹性、品牌资本增值、品牌影响指标表现较差。由表 5 - 31 数据可知，社会贡献指数很小，几乎为零，2014 年企业为社会创造的价值很小；经济收益指数排名越靠后越小，甚至为负，说明品牌企业上缴利税占财政收入的比重直接影响品牌贡献度，总贡献度越小企业的税收贡献越小、经济收益越低，品牌在地区中的经济地位越低；从较小甚至为负的就业弹性来看，在内蒙古自治区国民生产总值增速相对稳定情况下，较低的就业弹性不利于地区就业再就业增长，知名品牌企业的发展对劳动力的吸纳能力较弱；品牌资本增值指标体现品牌竞争力大小，显然知名商标的竞争力并不具有较强实力，其中该指标为负的企业有阿鲁科尔沁旗那牧尔民族食品有限责任公司、赤峰裕井烧坊酒厂等，作为县域知名商标的企业却没有利用好草原民族文化价值，发挥出畜牧业、酒业产业集群优势，缺乏品牌活力，企业发展前景堪忧；影响品牌影响力指标高低来源于消费者对品牌的直接评价和认可，并且是基于企业的创业精神、创富经历和财富品质，所以品牌定位与品牌营销是影响该指标的手段与途径。但是指标很低说明企业品牌受众面窄，直接导致品牌影响力不强，培育品牌影响力不只是提高总贡献度，更重要的是知名品牌如何进一步成为著名、驰名品牌，带动区域品牌影响力促进区域经济发展。由以上对知名品牌企业各个指标详细分析总结得出品牌发展不足之处如下：企业商标意识较差、商标品牌的市场化运用手段较低。从指标中可以看出企业有形资产缺乏积累，发展前景不乐观，无形资产建立不完善，增值空间有限。知名品牌收益指数小源于经济效益低，地区就业吸纳能力弱，导致对县域经济贡献不理想；品牌影响力弱导致缺乏市场竞争力，品牌受众面窄。要将知名品牌发展成为著名、驰名品牌，首先做好知名商标的市场运作，夯实品牌综合实力，其次要提升其经营运用商标能力形成品牌效应，形成企业自主品牌的核心竞争力，促进品牌优势转化为产品优势、市场优势，使知名企业真正实现对县域经济创新发展的贡献。

（七）内蒙古自治区品牌企业（驰名、著名、知名商标企业）品牌贡献度分析

由于区域内各个企业的影响范围不同，对区域经济发展的影响因子权重各有不同。现有的研究，一般是根据中国企业的发展现状，为了研究的方便，按品牌企业的影响区域范围可以将品牌企业分为国家级品牌企业、省域品牌企业、地区品牌企业，并分别取值 4.5、3.5、1.5 表示影响因子权重数值，对非品牌企业取值 0.5 表示影响因子权重数值，所以总体贡献公式如下：

$$D = (D^1 \times 4.5 + D^1 \times 3.5 + D^1 \times 1.5 + D^1 \times 0.5)/10$$

由于本书研究的是三类品牌企业贡献，根据上述对三类企业的贡献度分析，分别取值0.5、0.3、0.2表示影响因子权重数值，根据对三类品牌企业的贡献度分析，得出驰名、著名、知名商标对区域经济贡献度分别为0.67290、0.46864、0.37411。因此，品牌对内蒙古自治区经济发展的总贡献度如下：

$$D = 0.67290 \times 0.5 + 0.46864 \times 0.3 + 0.37411 \times 0.2 = 0.551864$$

总体贡献度属于"一般"层次（查阅相关资料，大部分学者认为贡献度达到0.8及以上为强，0.8~0.6为较强，0.6~0.4为一般，0.4及以下为弱）。说明内蒙古自治区品牌发展对区域贡献不是很理想，虽然是内蒙古自治区的驰名、著名、知名商标企业，单从不理想的总贡献度来看，一方面反映出内蒙古自治区品牌发展存在问题，另一方面企业品牌建设不理想。自治区在品牌内蒙古建设方面需要建立优质产业集群、调整品牌产业结构，从而提升品牌贡献度。

四、本部分主要结论

第一，从理论分析来看，品牌促进县域经济发展是通过两种路径实现的，即单个品牌对县域经济发展的作用和区域品牌对县域经济发展的作用。一是从单个品牌企业来看，品牌能够促使区域内资本要素的增加，从而实现县域经济增长，能够促使产品技术创新和企业结构调整，从而加快产业结构优化，能够以需求为导向实现经济增长方式的转变，因此从经济增长、产业结构优化、经济增长方式转变等方面实现了对县域经济发展的促进作用。二是从区域品牌来看，区域品牌能够实现区域内产业集群结构的优化，能够提高区域内产业集群的竞争力，能够加快区域城市化及城市群的发展，因此能够促进区域经济的发展。

第二，从关联性分析来看，借助SPSS统计软件，根据大量的实地调研和问卷调查获取的第一手资料，用定量的方法说明品牌与区域经济发展具有正相关性，驰名商标、著名商标和知名商标与GDP的相关程度分别达0.728、0.732和0.790；驰名商标、著名商标和知名商标与经济竞争力指数的相关程度分别达0.693、0.687和0.803。通常情况下，相关系数在0~0.3范围内，表示相关程度低；相关系数在0.3~0.5范围内，表示相关程度一般；相关系数在0.5~0.7，表示相关程度显著；相关系数在0.7~0.9范围内，表示相关程度高；相关系数达到0.9以上，表明相关程度极高。由此可以看出驰名商标、著名商标和知名商标与GDP的相关程度高。

第三，从贡献度分析来看，通过选取产出效应、劳动力效应、品牌资本增值效应和品牌影响度效应这四个一级指标，构建品牌对县域经济发展贡献度测量的评价指标体系，运用灰色层次分析法的基本原理确定指标层的权重，通过贡献度指数来衡量品牌对县域经济发展的影响度大小，得到的结论如下：内蒙古自治区三类品牌总体贡献度为0.551864，总体贡献度为一般，表明内蒙古自治区品牌企业需要建立优质产业集群、调整品牌产业结构，从而提升品牌贡献度；其次，商标发展未充分利用内蒙古自治区优势资源，著名商标品牌中涉农涉牧商标数较多，但产品的附加值低、核心竞争力弱致使品牌对区域经济贡献度小；企业商标意识较差、商标品牌的市场化运用手段较低，企业有形资产缺乏积累，无形资产建立不完善，增值空间有限，自治区品牌建设任重道远。

第六章

实施商标品牌战略中存在的问题及对策

　　当前，内蒙古自治区实施商标品牌战略存在以下问题：注册商标总量小、绝对量低，发展不平衡，对县域经济的推动和贡献率有限；高知名商标品牌数量少，结构单一，对支柱产业支持不够，商标品牌结构单一，普遍含金量和附加值低，在拉动经济增长中所起的作用十分有限；企业在运营商标战略推动自身做大做强意识方面有较大的局限性，制约了产业优化升级步伐；地理标志和农产品商标发展滞后，对农牧业产业化现代化贡献率偏低，地理标志"重注册、轻使用"现象较为普遍，农畜产品"有品无牌"现象依然存在；地方政府重视不够，商标发展品牌培育的外部环境急需改善。

　　今后一段时期，要紧紧围绕转方式、调结构、促发展、惠民生这个主题，以实施商标品牌战略为动力，以资源为依托，以增强县域经济综合实力为中心，以转变发展方式为目标，按照"市场主导、企业主体、政府推进、自主创新、各方参与"的原则，大力实施商标品牌战略，为加快构建县域经济传统产业新型化、新兴产业规模化、支柱产业多元化的产业发展新格局提供品牌支撑，逐渐将发展方式导入创新驱动、内生增长轨道，推动创新型内蒙古建设迈向新阶段，提升县域经济整体发展水平，营造大众创业、万众创新的政策环境和制度环境，引领县域经济全面协调可持续发展。

一、实施商标品牌战略存在的问题

内蒙古自治区是一个资源大区，地上和地下资源丰富，在工业增加值中，能源、原材料输出占较高比重，受国内、国际市场综合影响，难以创造较高的经济效益；特别是农牧业产品的转化率较低，基本处于销售原材料、初加工产品阶段，难以实现理想的比较效益。总体来看，内蒙古自治区地方企业参与市场竞争，主要是依托资源获得容易、人力成本低廉等优势，大部分产品缺乏品牌竞争力，本地企业的自主创新能力、自主品牌的市场影响力以及产品的附加值很低，多数处于产业的中下游。当前需要着力转变经济发展方式，着力调整产业结构，着力推进新型工业化、农牧业现代化、城乡一体化协同发展，切实提高农牧业效益、增加农牧民收入。落实到县域经济的创新发展上，就必须全面贯彻落实自治区"8337"发展思路，实施商标品牌战略、大力发展品牌经济。不容忽视的是，目前在实施商标品牌战略促进县域经济创新发展中，还面临以下问题：

（一）内蒙古自治区品牌资源利用不充分

其一，内蒙古自治区已形成牛奶、羊绒、肉牛、肉羊、玉米、小麦、水稻、高油大豆、马铃薯、小杂粮、特色蔬菜等重点产业集群和具有比较优势的产业聚集带，自治区各盟市的农畜产品、农副产品、水产品、林下产品在历史发展中，已形成良好的市场口碑。如呼伦贝尔市的呼伦贝尔羊、呼伦贝尔牛、蓝莓果、蘑菇、榛子、松子、中草药材、达赉湖鱼虾、三河马、三河牛等；兴安盟的兴安盟大米、卜留克咸菜、扎赉特旗黑皮花生等；通辽市的库伦荞麦、扎鲁特葵花籽、开鲁红干椒、玉米、科尔沁牛肉馅饼等；赤峰市的昭乌达羊、翁牛特牛、翁牛特羊、敖汉小米、达里湖鱼等；锡林郭勒盟的锡林郭勒羊、苏尼特羊肉、乌珠穆沁旗牛肉和羊肉、太仆寺旗胡麻油等；乌兰察布市的察右中旗红萝卜、丰镇月饼、卓资山熏鸡等；呼和浩特市的武川土豆、武川莜麦面、武川荞麦、托县油炸糕、托县豆腐、呼和浩特市烧麦、铁兆义酱牛肉、清水河小米、赛罕小金瓜等；包头市的南海黄河鲤鱼、固阳莜麦、固阳荞麦等；巴彦淖尔市的巴彦淖尔小麦、乌拉特草原羊、巴彦淖尔番茄、枸杞、葵花籽、巴美肉羊、五原大有公香瓜、二郎山白绒山羊及羊绒等；鄂尔多斯市的阿巴斯山羊、羊绒等；阿拉善盟的骆驼绒等。同时，自治区具有大量地域优势和特色优势的共性产品，如烤全羊、烤羊背、烤羊腿、风干牛肉、奶皮奶酪、炒米、皮画等业已形成自治区的全区域品牌产品，已形成消费者感受草原文化的重要载体。自治区区位优势明显，有得天独厚的农畜产品资源，产业和产品特色明显，优势突出。

其二，自治区丰富、又具有极强市场竞争力的文化旅游资源，各种具有丰厚历史文化的遗址和那达慕、民族歌舞、民族服饰、民族礼仪、马文化、驼文化等蒙元历史文化资源和极具潜力的旅游资源，成为自治区各地区对外宣传、交流、交往的重要载体。

其三，自治区独特的地理位置和气候条件，孕育的天然绿色生态环境，为农牧业持续快速发展、产品品质保证、赢得消费者信赖和忠诚，提供着强大的产业发展基础。这些优良的产品特色、鲜明的地域特征为自治区品牌大区建设提供了强大的资源保证。

与此对应的却是自治区资源优势与商标品牌发展不匹配。截至 2014 年，自治区仅有 74 件驰名商标、560 件著名商标，1167 件知名商标，215 家 312 个内蒙古名牌产品、343 个有效使用的绿色食品标志、地理标志证明（集体）商标仅有 32 件。截至 2014 年底，内蒙古自治区各盟市累计注册商标 64081 件，居于全国第 25 位；与发达省区相比较，内蒙古自治区驰名商标、著名商标、地理标志证明（集体）商标数量偏少，差距还很大，自治区的资源优势、产品优势、区位优势、文化优势还远未形成市场优势、品牌优势。

（二）商标品牌对县域经济发展的贡献、促进作用低

内蒙古自治区 2014 年经济总量已经达到 1.78 万亿元，形成了乳产品、肉产品、绒产品、煤炭、电力、天然气化工、钢铁、有色金属等市场需求量大、辐射能力强的特色产业集群。与此对应的，内蒙古自治区驰名商标、著名商标和知名商标品牌对县域经济发展的平均贡献度分别为 0.67、0.47、0.37，总体贡献度仅为 0.55，这与理论上的贡献度应为 0.8 以上才能反映出当地商标品牌贡献较强的结论差距很明显，自治区在商标品牌培育以及推进商标品牌战略促进县域经济创新发展方面，还有更多的工作要做。目前，县域经济创新发展中发展较为迅速的"互联网＋农业"正在蓬勃发展，但其商标注册、品牌培育等工作还未得到有效的扶持。截至 2014 年底，内蒙古自治区市场主体共计 147 万户，平均每 25 户企业拥有 1 件注册商标。有效注册商标总数位居全国第 24 名，地理标志商标位居全国第 23 名。尽管内蒙古自治区拥有雄厚的资源优势，且资源品质优良，但由于不注重对优良农畜产品商标品牌的培育、注册、运用和管理，致使知名品牌数量偏少，且使用的更差，从而导致品牌效应滞后，品牌对农畜产品产业发展、促进农牧民增收的支撑作用十分有限。缺少了品牌溢价效应，加之销售模式简单、销售渠道单一，造成内蒙古自治区农畜产品基本不能实现优质优价，大部分时间更是丰产不增收、提质不增效，严重抑制了自治区农牧业现代化进程和农牧民增收达小康目标的快速实现，也制约了自治区县域经济创新发展的步伐。

（三）地方政府商标品牌工作机制不完善、政策落实不充分

作为能迅速提升农畜产品品牌竞争力的地标工作，地方政府重视不够、地标注册使用工作机制不完善，促进商标品牌战略实施的政策落实不充分。在一个旗县，旗县委书记、旗县长和分管工商、农牧业、地方志等领导对商标品牌工作的认识程度的高低，直接会决定这个地区地标的注册和使用。从目前的情况看，还没有形成一种合力推动地标的注册和使用工作，旗县党政主要领导、相关部门相互支持、相互配合还有待加强，工作力度、工作落实还需进一步明确与细化。由于对商标的市场竞争利器作用认识不足，加之商标专项奖励资金未列入财政预算等多方面原因，导致多数地方政府出台的推进实施商标战略的具体意见，仍停留在"发文未执行"阶段。

目前，多数旗县还没有建立起完善的地标注册使用管理制度，许多注册主体不让农牧民使用，众多农牧民不会用、不擅用、不愿用的情况较为普遍。地标的使用管理未形成市场化机制。内蒙古自治区地理标志商标不仅数量少，使用上更有差距。有一些地理标志商标虽然注册了，但是对当地农牧业产业化、农牧民增收、县域经济发展并没有显著贡献。一些很好的地理标志产品，由于使用管理不好，品牌难以被认可，难以开拓市场，品牌经济没有形成效应，致使企业或产业的市场竞争力多年来停滞不前、原地踏步。一些企业（社会组织、行业协会）存在狭隘思想，地理标志商标注册之后，由于管理使用不当，干脆将"地理标志商标注册证"锁在自己的抽屉里，使之"束之高阁"，而不让相关市场主体使用，使本来很好的地理标志产品推广不出去，形不成优势品牌，更谈不上服务农牧民增收致富和促进农牧业品牌化、产业化、现代化。有些企业由于使用地理标志不统一、不规范，有的甚至对使用地理标志农户强行收费，否则不让使用，等等，使本来很好的地理标志产品却不被广大消费者认可。

（四）各品牌资源未形成合力，内蒙古自治区商标品牌的公信力、社会号召力有待进一步提升

一是社会上多数人对地标、农产品地理标志、内蒙古自治区名牌产品、驰名、著名商标等众多品牌认识不清，如地标容易与农业部门认定的农产品地理标志混淆。有许多人认为讲到工商部门的"地理标志商标"就是农业部门的"农产品地理标志"。还有许多人认为内蒙古自治区名牌产品就是驰著名商标。二是目前还有诸如内蒙古品牌建设促进会、内蒙古品牌网以及一些广告公司等社会组织团体与机构经常发布的内蒙古自治区一些行业品牌排名等活动，使市场对自治区品牌的认知存在混乱与偏差，降低了政府部门推动自治区商标品牌战略的实效。

（五）企业商标意识较差、商标品牌的市场化运作手段较低

一些企业不能充分认识商标战略的重要意义，多重视有形资产的积累和发展，忽视了无形资产的建立、保护和增值，商标发展工作缺乏积极性、主动性和超前性，存在被动注册、被动发展问题。部分小微企业负责人商标意识淡薄，以"短期获利"为最高目标，缺乏企业发展的长远规划，生产产品多以"贴牌"方式销售，企业层面品牌意识不强，经营商标、运用商标的能力不足，品牌效应还没有真正形成。市场主体运用商标开拓市场能力不足，企业商标战略能力不足，名优品牌含金量不高，品牌价值挖掘不深，无法形成企业自主品牌的核心竞争力，产品优势形不成品牌优势，更无法转化为市场优势，品牌的行业引领作用未能充分发挥，品牌对经济的拉动力没有充分发挥出来。

（六）商标品牌培育手段单一，未形成有效配合协同发展的格局

目前，内蒙古自治区商标品牌战略的实施基本在部门内部推进，未形成统一、协调、有序的商标品牌发展战略格局。内蒙古自治区各旗县地域品牌、地标品牌既需要政府主导和龙头企业带动，也必须严格组织标准化生产，大力进行市场渠道建设与全社会品牌宣传，这就需要全社会的参与与支持，需要地域品牌、文化品牌、旅游品牌、产品品牌发挥联动效应。但这方面还存在龙头企业带动不力、小微企业参与度不高、农牧业种养大户认识不足和参与积极性不高、政府部门配合不协调等情况。

二、进一步实施商标品牌战略促进县域经济创新发展的对策

无论什么自然条件的旗县，发展壮大县域经济，必须首先立足发展品牌经济，将资源禀赋、区位优势、人文优势、政策优势转化为品牌经济优势，拉长产业链，由低端到高端，依托品牌的效应引进、聚集相关的企业和产业，形成产业集聚和集群，突出特色优势，这样才能以发展品牌经济支撑起地方优势特色产业的集约化和规模化。

要把品牌建设作为推动经济发展方式转变的重要支点和切入点，紧扣经济发展方式转变，着力提高商标战略的认知程度、目标层次及组织结构，做好以下工作：第一，认知提升。要使商标、商标战略和品牌理念、内涵、价值得到各级政府、各类企业和社会各界的肯定与认同。第二，目标提升。要从片面追求商标注册普及率、注册商标总量以及驰名、著名、知名商标数量，逐步转变为与关注注册商标使用率、地理标志申报率、产业品牌集聚度以及驰名、著名、知名商标企

业贡献率并重，将商标战略提升到促进经济发展方式转变、打造品牌强市的高度上来。第三，组织提升。积极推动各地进一步完善商标发展规划，建立健全实施商标战略领导组织，形成市、旗县区、乡镇和企业"三级一企"联动的商标品牌建设发展新格局。

（一）建立政府强力推动、部门全力支持的工作机制

地方党政领导要把这项工作列入重要议事日程，分管旗县长、相关部门要积极主动、全力支持这项工作。如果党政主要领导重视不够，分管农牧业、工商、质监、地方志的相关副旗县长就不能很好地协调沟通，形不成共同推动的工作机制。实践证明，凡是党政一把手重视的，就能形成一个以常务副旗县长牵头，相关分管副旗县长齐抓共管的工作机制，相关副旗县长分管的部门肯定能全力解决。

具体上要强化领导。一般是由旗县政府指定一名副旗县长负责主抓此项工作。将实施商标品牌战略工作列入地方经济发展规划或年度计划安排，并列入对各级地方政府的考核内容。委托专门机构做好做足"顶层设计"，认真制定品牌农畜产业发展规划和各部门实施计划，为品牌农畜产业发展、壮大创造良好条件。

（二）加大品牌建设支持力度，加强农畜产品的流通体系硬件建设

第一，要加大政府奖励与扶持力度，支持实施商标品牌战略的奖励政策，对"三名商标"企业，融资贷款优先、项目引进优先、享受优惠政策优先、给予奖励优先。要继续完善执行各项奖励政策，并在税收、政府采购、用地等方面给予政策倾斜。要针对企业融资困境，加大财政拨款、政策性贷款、贷款补贴等扶持措施；担保公司积极为农牧业服务，使商标、专利等无形资产可以顺畅在县域金融机构实现质押贷款。

第二，要积极促进企业到一线城市开直销店，全方位展现内蒙古自治区的优质绿色农畜产品；通过产品宣传、销售服务，树立产品形象，培育品牌影响力，密切与当地消费者的联系，提高产品的附加值和影响力。旗县政府、相关部门要积极投入财力扶持这项工作，指导或提供统一包装、异地开设体验店、直销店等，加强农畜产品的流通体系硬件建设，适当地对在一线城市、二线城市开设直销店、体验店的小微企业、合作社进行一定程度的资金扶持。

第三，要加大财政资金投入，助推地理标志商标数量和质量双提升。要加大对农畜产品商标补贴和地理标志商标奖励。对注册农产品商标的合作社和小微企业可由政府适当补贴，对注册地理标志商标的组织可由政府适当奖励，充分调动

合作社、小微企业的积极性。

（三）政府部门联动，提升商标品牌发展与农畜产品产业发展连接强度

第一，加强农畜产品品质保证工作，农业部门、科技部门、质监部门要统一协调，切实保证贴标产品的品质与质量。积极推广"龙头企业＋地理标志商标＋农牧民专业合作社＋产地＋农牧户"模式，统一耕种、统一施肥、统一管理，包括病虫防害等，确保农畜产品源头的质量与品质。

第二，做好推选工作。农业行政主管部门要严格推选标准，做好审评把关，确保推选质量，切实把知名度高、美誉度好、竞争力强、示范效果好、对产业发展和农民增收具有带动实效的农民合作社和农产品品牌推选出来。

第三，要建立健全部门联席会议制度，共同推进地理标志商标工作健康发展。农业部门要帮助制定地理标志管理的使用规则；工商部门要做好地理标志商标的培育、注册和管理工作；质监部门要协助推荐或指定联系检测机构，并通过检测列出产品的检测清单和结果；地方政府办要提供县志、地方志对该产品的历史记载。同时，要加强联合执法，打击商标侵权行为，对农畜产品商标合法权益实施有效保护。

第四，强化地标产品不认证、不贴标志不出旗县的工作思路。加强地标的使用管理，凡是旗县境内的地标产品，全部使用地理标志商标标识。

第五，加快农畜产品粗加工、初加工项目建设，提高农畜产品产业转化率，增强其产品市场适应度。现阶段，由于自治区农畜产品产业转化率低，其销售基本以农牧业原材料销售为主，产品的初加工、粗加工、深加工程度低，由于受产品形式、商品包装、运输物流、质量检验检测、产品生产标准化等条件制约，进入区外市场较为困难，内蒙古自治区40%以上的农畜产品无法实现转化增值，农畜产品产业对农牧民增收的带动能力不够强，产业组织化、集约化优势不强，内蒙古自治区不少农畜产品产业还没有走上以品牌赢得市场、以深加工提高竞争实力的品牌化发展之路。因此，必须加快由当地农牧业产业化龙头企业参与的农畜产品粗加工、初加工项目建设，切实提高农畜产品产业转化率，增强其产品市场适应度，努力实现农畜产品的工业化、市场化。

（四）积极构建有效的农畜产品产业发展创新模式

第一，积极推动"龙头企业＋地理标志商标＋农牧民专业合作社＋产地＋农牧户"的产业发展模式建设，依靠龙头企业（公司）使农畜产品与市场进行对接，形成完整的绿色产业链和产业发展模式，使自治区优质绿色农畜产品资源与商标品牌战略实施能够有效对接，持续培养、壮大自治区农畜产品产业品牌。

第二，设立专项研究，对农牧区小微企业（合作社）的电子商务模式、物流建设、流通体系建设、品牌平台建设进行深入研究，助推县域层面的小微企业利用"互联网＋"模式的创新发展，在地域品牌、龙头企业品牌的助推下，合作社、小微企业快速发展与壮大，形成众多合作社、小微企业商标品牌集聚发展格局。

第三，要积极实施"互联网＋农牧业"建设，推进自治区农畜产品品牌营销、市场宣传全方位发展。要充分推动"互联网＋农牧业"产业发展，把内蒙古自治区的绿色特色农畜产品通过线上线下两种方式与渠道推向市场，激发广大农牧民创新创业热情，有效促进传统农牧业向现代农牧业转变。要积极协调和配合相关部门和著名互联网企业打造地方土特产电子交易平台，提供发布信息、展示商品、洽谈交易等服务，促进网下店铺与网上店铺的有机结合。全力扶持发展网络经营主体，邀请网络运营商对广大市场主体和农牧民进行电子商务培训，积极鼓励和引导有条件的市场主体和农牧民开办网店（网上店铺）和微店（微信店铺），扩大销售渠道，力争将名优特产品和绿色无公害有机产品通过电商平台推向区内外。积极运用互联网新载体，拓展商标战略主战场，紧紧抓住"互联网＋"这一新型行业，将互联网的创新成果深度融合于绿色农畜产品营销领域，每年安排"互联网＋农畜产品营销"发展专项资金，用于对农产品电子商务的扶持、奖励、培训以及相关的服务支撑体系建设，把"互联网＋农畜产品营销"培育成为群众创业致富的新途径、农业经济发展的新亮点。

（五）完善地标使用管理制度、积极推进商标品牌市场化运营

在加速内蒙古自治区农畜产品品牌化的进程中，尤其要重视地理标志商标的培育、运用和管理。品牌是一种资源或生产要素，对于广大农村牧区每一个农牧民专业合作社、每一户农牧民来讲，创品牌的困难很大，成功概率也比较小，如果一个企业或行业协会注册成功地理标志商标，就可以供该地区或协会内的广大农牧民共同使用，并在各级政府的引导下，不断完善制度，规范使用，形成区域知名品牌，从而促进农牧民增收、农牧业增效、农村牧区发展，以品牌效应促进优势特色产业和县域经济发展。

要通过推行"农户＋基地＋龙头企业（合作社、经济组织）＋地理标志"的新兴发展经营模式，将分散的农牧户组织起来，形成农畜产品生产、加工、销售的市场竞争力，对增加农牧民收入，提高农牧业组织化、市场化程度发挥重要作用。这样就需要建立一套完善的使用管理制度。第一，要制定使用地理标志商标使用的宗旨；第二，要制定使用该商标的条件；第三，要有制定使用该商标的手续；第四，要制定使用该产品的统一标准；第五，要明确使用该商标的权利和

义务；第六，要明确成员违反其使用管理规则应当承担的责任；第七，注册人要制定对使用该商标商品的检验监督制度。地理标志商标之所以名扬天下，其所标示的商品受到消费者的喜爱，是由于该商品经受住人们长期的消费和使用的检验，其始终如一的品质为其赢得了信誉，拓展了销路。

（六）加强全社会宣传力度，深入推进商标战略的实施

通过多种媒介多种形式的宣传及培训，广泛普及商标注册、使用、管理、保护的相关知识及实施商标战略的重要意义，进一步提高企业和社会对商标品牌建设在经济发展中重要作用的认识，形成创品牌、保品牌、爱品牌、用品牌的社会氛围。鼓励市场监督管理部门出版商标品牌特刊，通过商标品牌发展、商标品牌战略、商标品牌风采、商标品牌聚焦、商标品牌论坛、商标品牌保护、商标品牌知识等主要栏目，全面介绍盟市驰名、著名、知名企业商标品牌发展经验，展示企业商标品牌建设成果，为商标品牌的经验交流及科学发展提供权威的平台。

政府各部门相互配合、共同营造一个良好的商标品牌战略实施环境，提供更好的公共服务，凝聚更多的品牌企业，托起更多的品牌产业，形成品牌产业的集聚集群，助推地区的经济快速发展。各地要积极调动本地媒体资源，通过宣传短片、专题报道、公益广告、网站及新媒体推介等方式，对推选出的农民合作社和农产品品牌进行广泛宣传，确保公益宣传活动取得实效。旗县有关部门要积极策划品牌推介活动，扩大本地农畜产品商标品牌知名度和影响力。要策划开展本地农畜产品品牌大型推介或巡展活动。要全方位铺开本地农畜产品品牌宣传报道活动。广播、电视、报纸、网络等新闻媒体协调配合，有计划、多形式地宣传推介本地农畜产品商标品牌和品牌企业。要积极主动帮助、指导企业做好品牌宣传策划，组织其参加各地举办的农产品博览会、品牌节和推介会等活动，使本地农畜产品走出去。

（七）坚持分类指导、专项推进，有效提升商标品牌发展质量及结构

第一，坚持实施分类指导，对重点行业和重点企业进行重点培育。全面了解企业商标的国际国内注册、使用情况，品牌的培育发展情况及品牌发展过程中遇到的问题、困难，结合专业信息有针对性地给具体企业予指导、扶持。分析商标品牌的优势特色、发展速度、行业分布，有突出有重点地进行规划、引导，切实推进商标战略实施。如对有较高知名度的品牌、字号或有一定市场占有率的产品，鼓励其积极申报著名、驰名商标，尽快实施知识产权保护；对具有地方特色，特别是具有原产地特征的名优新农副产品，积极指导生产者申请证明商标；对暂不具备条件的企业，积极帮助完善基础工作后再提出申请，逐步形成"知

名、著名、驰名"三个梯次的创建结构。大力推广使用局部区域（小产区）地理标志商标和企业自身商品商标和服务商标，通过多层次、立体化的商标有效使用，不断强化自主品牌的独特性，打造出一批在不同区域和消费层面有明显差异化和竞争优势的优秀品牌，从而加强县域经济产业品牌集群发展。建议自治区政府制定具体的自治区优势产业、特色产品目录，加强"认都认乡"工作，以产业优势打造地方区域整体品牌。

第二，有效引导企业商标品牌工作，提升注册商标数量及质量，依托产业优势加快品牌培育步伐。充分发挥注册商标作用，在加大注册商标总量的基础上，要突出培育特色商标，引导自然人、法人及其他组织在申请注册商标时注意结合资源优势、产业优势和技术领先的产品及服务等因素。比如，第一产业要突出培育和发展粮食、奶制品、肉食品、绒毛制品、瓜果蔬菜、饲草饲料、中药材等行业的商标；第二产业要突出培育和发展农畜牧副产品深加工为主的消费品商标；第三产业要突出培育和发展具有民族特色的旅游、餐饮、服务、中介、文化等领域的商标。

第三，深度融合经济发展，专项推进地理标志证明商标、集体商标工作，提高农畜产品转化率。紧密结合各旗县的粮食增产工程、设施农业工程、绿色农畜产品生产加工输出基地建设工程和产业化龙头企业带动工程等，在自治区全面推行"商标品牌强企工程"、"商标品牌富农工程"、"商标品牌基地建设工程"，有效拓展商标战略实施空间。

按照把内蒙古自治区建成绿色农畜产品生产加工输出基地的战略要求，对地方乳、肉、绒、粮豆、马铃薯等优势特色产业发展状况与商标品牌建设情况进行调研，扩大地理标志商标和集体商标注册数量，提高使用、管理水平，有效服务绿色农畜产品基地建设。在扩大地理标志商标和集体商标注册数量的同时通过品牌化运作提高地理标志证明商标的使用、管理水平，提升相关产品附加值，壮大产业规模，延伸产业链，建设产业集群，有效服务绿色农畜产品基地建设，推动特色农业发展，真正做到"注册一个商标，壮大一个产业，致富一方百姓"。

（八）积极培育国家级龙头企业，支持中小企业创牌

第一，积极培育国家级龙头企业，发挥其在产业链接中的核心作用。龙头企业是县域经济发展的关键。因此，旗县要加快培育龙头骨干企业，发挥其连接农户、开拓市场、推广科技、开发新产品等积极作用，有效发挥其"顶天立地"的产业发展作用。扶持龙头企业，一方面可以优化农业生产布局，使优势资源向优势地区集聚、优势企业向优势产业集聚，使优势企业在产业链的各环节进行产业延伸，通过规模经济来降低生产成本，通过产业特色品牌获得市场竞争力和定

价权，实现企业和农牧民"双赢"。另一方面，通过龙头企业的规范发展与实力壮大，可以试点地方融资平台，促进社会资本加入农牧业产业现代化建设。在"农户＋基地＋龙头企业（合作社、经济组织）＋地理标志"产业发展模式下，带动地方中小微企业共同发展，促进县域经济发展质量快速提升，优化县域经济产业结构。

第二，支持中小企业创品牌，助力小微企业商标品牌"遍地开花"和"铺天盖地"的效果，增强旗县经济的整体实力。鼓励企业通过商标出资、质押、并购、许可、转让等手段，挖掘商标经济价值，丰富品牌内涵，增强市场竞争力。引导与扶持农牧区小微企业（合作社）进行电子商务平台建设、农畜产品物流建设、农畜产品流通体系建设、农畜产品商标品牌平台建设，深入实施"一所一标"、"一村一品"、"一乡多品"工作和实行的"公司（合作社、协会）＋商标（地理标志）＋农户"的助推农牧业产业化发展的经营模式，让"遍地开花"的小微企业取得商标品牌"铺天盖地"的效果。

（九）深入挖掘品牌资源潜力，努力实现各领域品牌联动与协同

围绕各盟市特色旅游商标和重点品牌，提升旅游服务的内涵和品牌优势，注重商标品牌与人文旅游的结合，全力打造有浓郁地方特色、民族特色的草原文化、蒙元文化商标品牌。

深入挖掘历史文化、宗教文化、民俗文化和生态文化等独具特色的民族文化资源，以及那达慕、民族歌舞、民族服饰、民族礼仪、马文化、驼文化等民族文化资源潜力，努力培育自治区优势文化品牌，大力增强文化市场主体竞争力，不断提升民族文化的产业品牌价值，推动少数民族文化品牌的繁荣发展。

深入挖掘中华老字号、非物质文化遗产、地方区域（城市）品牌的发展潜力，加大知识产权保护力度，对已形成的商标品牌资源，要积极协助相关主题实施注册，加强商标品牌建设工作。使地方区域（城市）品牌、旅游品牌、文化品牌、商标品牌形成县域品牌经济发展中的有机整体，产生品牌联动效应，共同促进县域经济发展。

后　记

本书的写作是在内蒙古自治区工商行政管理局与内蒙古财经大学成立联合调研组，对自治区商标品牌战略促进县域经济发展的调研工作基础上开展的。本书涉及自治区102个旗县的县域经济发展、商标品牌、品牌企业、品牌资源等各项数据，很多工作都属于自治区的开创性工作，可供借鉴的工作经验几乎没有，数据搜集、填报中难免出现一定程度的失误，请斟酌使用本书的各项数据及分析结论，不妥之处，敬请批评指正。

在分析过程中，因满洲里市、二连浩特市的商标数量相对较少，所以将两个计划单列市统计数据分别并入了呼伦贝尔市和锡林郭勒盟。

本书写作过程中，随着内蒙古财经大学与内蒙古自治区工商局合作的深入，双方签订了"品牌创新与商标知识产权保护战略合作协议"，并共建了"内蒙古商标品牌研究院"。研究院的专家学者对本书的写作提出了非常中肯的修改意见，在此对内蒙古商标品牌研究院的专家学者表示深深的谢意！

本书得到了内蒙古自治区工商局、内蒙古财经大学以及内蒙古各盟市及旗县区政府、企业有关人员的大力帮助，使本书写作得以顺利进行，在此一并感谢！

内蒙古自治区工商局商标处以及各盟市、旗县区工商局有关部门工作人员在写作过程中提出了非常有建设性的意见，使本书顺利完成，再次特别感谢！

感谢内蒙古财经大学资助本书的出版！感谢内蒙古财经大学科研处的工作人员为本书的出版做出的辛勤工作！